AS COMPETÊNCIAS DAS PESSOAS

Potencializando seus Talentos

Cláudio Queiroz

10ª Edição

AS COMPETÊNCIAS DAS PESSOAS

Potencializando seus Talentos

Cláudio Queiroz

DVS EDITORA

AS COMPETÊNCIAS DAS PESSOAS
Potencializando seus Talentos

Copyright© DVS Editora 2008
Todos os direitos para a língua portuguesa reservados pela editora.

Nenhuma parte dessa publicação poderá ser reproduzida, guardada pelo sistema "retrieval" ou transmitida de qualquer modo ou por qualquer outro meio, seja este eletrônico, mecânico, de fotocópia, de gravação, ou outros, sem prévia autorização, por escrito, da editora.

Revisão: Márcia Dias
Produção Gráfica, Diagramação: Spazio Publicidade e Propaganda

```
       Dados   Internacionais  de  Catalogação  na  Publicação   (CIP)
               (Câmara  Brasileira  do  Livro,  SP,  Brasil)

         Santiago, Antônio Cláudio Queiroz
            As competências das pessoas : potencializando
         seus talentos / Cláudio Queiroz . -- São Paulo :
         DVS Editora, 2008.

            Bibliografia
            ISBN 978-85-88329-46-1

            1. Administração de pessoal 2. Competência
         3. Competência no trabalho 4. Eficiência
         organizacional 5. Habilidades criativas em
         negócios 6. Sucesso em negócios I. Título.


 08-05729                                           CDD-650.1
```

Índices para catálogo sistemático:

1. Competências de negócios : Administração
     650.1
2. Sucesso em negócios : Administração
     650.1

*Para meus pais, Bastos e Isolda,
que destinaram suas vidas
para desenvolver seus filhos*

Agradecimentos

A maior gratidão ao professor Victor Mirshawka, ao Victor Mirshawka Junior e ao Sergio Mirshawka, pelo incentivo que têm dado aos professores em publicar livros.

As instituições de ensino, coordenadores e alunos onde ministro aulas há 20 anos e que tem me proporcionado experiências e aprendizados extraordinários.

Aos mestres inesquecíveis Angelina Pereira, Betânia de Moura, Cezar Vagner, Darcy Hamoshiro, Fátima Abate, Fátima Diógenes, Kedma Mano Nascimento, Marcia Lerinna, Maria Luiza Appy, Maria Luiza Mendes Teixeira, Oscar Motomura, Reynaldo Cavalheiro Marcondes, Rhandy Di Stéfano, Rolando Toro, Ruth Cavalvante e Zumira Bomfin.

Aos amigos Alenir Romanello, Alex Souza Bertoldi, Ana Lucia Rodrigues, Ana Nader, Ana Paula Peron, Ana Moura, Ana Telma, André Santos, Andreza Lustoza, Antonio Moraes, Carlos Albérto Rodrígues, Carlos Rangel, Carlos Henrique Custodio, Carlos Simões, Carlos Vieira, Christiane Leite, Claudia Serrano, Cleusa Regina Moraes, Conceição Bemerguy, Das Dores Magalhães, Deise Dalmaso, Denise Ovádia, Edla Barbosa, Elenir Sanchez, Elisabete Alves, Evaldo Bazeggio, Fabiana Guimarães, Gislane Dias, Gloria Gonçalves, Hirma Praxedes, Inês Cozzo, Isabel Santos, Isabella Gonçalves, Izabela Mioto, João Camara, Jorge Tavares, José

Sarkis, Laércio Souza, Laura Carrer, Leandro Perez, Leila Jacques, Ligia Mellão, Liliane Furtado, Lucia do Carmo, Lúcia Pinheiro, Lúcio Flavio Santos, Luiz Becker, Luzia Esgolmin, Mara Mourão, Marcio Carmo, Marco Pietragalla, Margaret Pizani, Maria Bernadete Bruno, Nárcelio Montenegro, Odessa Binder, Odorico Luiz Santos Neto, Paulo Prado, Pedro Arnaut, Pedro Henrique, Rita Silveira, Rosa Figueiredo, Rosa Graziano, Rossini Medeiros, Salete Cavalvanti, Sérgio Antunes, Sérgio Delmiro, Silvia Prado, Sonia Goulart, Valéria Tavares, Zirlana Teixeira e Wellington Nogueira.

Agradeço em especial às amigas Maria Elisa de Macedo Soares e Márcia Dias, revisora oficial, que leram os textos iniciais e forneceram inúmeras sugestões.

Aos gestores e colaboradores das empresas: AASP, Abresst, Albras, Ambipar, B2 – Experience em Publicidade Ltda., Biolab - União Química, Cata Vento, Centauro, CIAGROUP, CIESP Castelo, CNA, Cobasi, Drager, ETCO – Eye Day Hospital, Escola Internacional de Alphaville, ETO – Eye Day Hospital, Eucatex, Euroflex, FENAG, Fillity Modas e Confecções, Fran's Café, FUNCEF, Fundação Brasil Criativo, Grupo Castro Martins, Grupo Empresarial Maxipas, Hospital do Coração (HCor), Hospital Alemão Oswaldo Cruz, Hospital das Clínicas de Ribeirão Preto, Hospital NIPO Brasileiro, Hospital Leforte, Hospital Samaritano (SP), Instituto Nacional Pesquisas Espaciais (INPE) – Ministério da Ciência, Tecnologia e Inovação, Instituto Thera, JL Online, Leão Engenharia, Livraria Cultura, MDHealth, MSD, Orizon, Prefeitura do Município de Sorocaba, Prefeitura do Município de Itapevi, Redeorto, Rotary International, Sistema Brasileiro de Televisão (SBT), Secovi/SP, Sercon Saúde e Segurança no Trabalho e Psicologia Organizacional, SG Tecnologia Clínica S/A, Sicoob Secres, Sirona, Sistema de Ensino Poliedro, Syntese Treinamento e Consultoria, Terapêutica, The Spemsa Group, Tribunal de Contas do Município de São Paulo, Trigo Brasil, Umicore, Unimed, Uniodonto, Veris Faculdade, Volkswagen do Brasil Indústria de Veículos Automotores Ltda, Zoetis, Yamaha e West Pharmaceutical. Em parceria com a empresa SimbolicaH (Ana Pegova, Atlas Schindler, Lagoa da Serra) e Sky (parceria com a empresa Thiene). Em parceria com a empresa ARQUITETURARH (Louis Dreyfus Company, Esporte Clube Pinheiros, Tokio Marine, Shire, Bradesco e Takeda).

Sumário

PREFÁCIO	11
INTRODUÇÃO	13
O mundo organizacional e os colaboradores	15
O que é competência? Uma breve discussão	21
A gestão da própria vida	25
Competência Comunicação Escrita	31
Competência Comunicação Falada	35
Competência Criatividade/Inovação	39
Competência Empreendedorismo	43
Competência Gestão da Informação	47
Competência Gestão da Mudança	51
Competência Liderança	55
Competência Negociação	59
Competência Orientação ao Cliente	63
Competência Orientação ao Resultado	67
Competência Relacionamento Intrapessoal	71
Competência Relacionamento Interpessoal	75
Competência Tomada de Decisão	79
Competência Trabalho em Equipe	83
Competência Visão Estratégica	87
Competência Visão Sistêmica	91
Filmes inspiradores	97
Músicas inspiradores	99
Poesias inspiradoras	101
Pinturas inspiradoras	105
CONCLUSÃO E CONSIDERAÇÕES	107

Prefácio

Estou certo de que, como a maioria das pessoas economicamente ativas, exerço atividades profissionais que extrapolam minha formação acadêmica básica. Ao longo de minha carreira, fui sendo estimulado, ou obrigado, a assumir papéis, cargos e funções para os quais não fui explicitamente preparado nos bancos da Faculdade de Engenharia. A docência é um exemplo. E este é um fenômeno cada vez mais comum: a evolução ou a mudança da profissão, ao longo de uma carreira, haja vista as transformações externas (sociais, tecnológicas, políticas, educacionais) que normalmente se manifestam de forma mais veloz no mundo competitivo das corporações.

Aquilo que permite a mim e a outros transitarem por diversas profissões ou ocupações diferentes é um conjunto subjacente de conhecimentos, habilidades e atitudes, normalmente denominado de competências, tema principal desta obra do professor Claudio Queiroz. É através delas que nós conseguimos, por exemplo, "abandonar" a função de engenheiros de projeto e assumir a gerência do departamento de Recursos Humanos – por mais estranho que pareça, tenho pelo menos dois exemplos pessoais de colegas que passaram por este tipo de mudança. Isto só é possível se tivermos as competências necessárias.

Por força da minha ocupação atual, na função de educador e diretor de cursos de pós-graduação, tenho destinado tempo e atenção para pesquisar o assunto. Em outras palavras, me interessa profundamente entender quais são as competências que o mercado exige, por que as exige, e como desenvolvê-las. Afinal, é a resposta a estas mesmas perguntas que normalmente um aluno de curso de pós-graduação *lato sensu* busca. E estas respostas têm se mostrado cada vez mais complexas, pois o sistema em que elas se inserem também tem ganhado em complexidade. Chamemos a este sistema de mercado...

O mercado está sujeito a algumas pressões implacáveis: seu território é o globo, mas seus efeitos são locais; devido ao avanço tecnológico, o deslocamento neste território pode ser, ou pelo menos parecer, instantâneo – qualquer pessoa pode ligar-se a outra automaticamente; neste território, a informação é soberana e está disponível em quantidades assustadoras; nele, a velocidade de mudança começa a assumir padrões quânticos (palavra de moda), pois ela ocorre em saltos, deixando no passado a linearidade e a previsibilidade; ainda neste território, a tomada de decisão fica extremamente comprometida pelo aumento exponencial das opções.

Quais são as competências que nos permitem alcançar o sucesso neste território? Ao buscar respostas a esta pergunta, estamos essencialmente discutindo qual é o perfil do profissional **do** futuro. Posto de outra forma, qual é o perfil do profissional **de** futuro. A simples mudança de preposição determina a diferença entre aqueles que terão espaço neste território/mercado e os outros.

Sendo assim, a obra que se apresenta a seguir é instrumento de extrema valia, pois aborda de maneira didática, direta e concisa uma contextualização do mercado, a definição de competências e um conjunto delas (dezesseis) que compõe este perfil do profissional de futuro, indicando maneiras de diagnosticá-las e desenvolvê-las.

De mais valor ainda é este livro tendo em vista sua origem, seu autor. Certamente vamos encontrar no conjunto de competências principais aquela denominada Liderança. E nos compêndios pregressos sobre ela, há uma mensagem que se repete à exaustão: liderança se exerce antes pelas ações do que pelas palavras. Liderança se exerce antes pelo modelo de comportamento do que pelo discurso.

O professor Cláudio Queiroz é um verdadeiro líder quando o assunto é educação. Ele é, entre outras atividades profissionais, um de nossos mais destacados professores, demonstrando em seu comportamento todos os conceitos que usualmente aborda em sala de aula, com destaque para um profundo respeito pelo ser humano, para a crença no fato de que todos podemos evoluir e nos desenvolver e para a habilidade de comunicação como competência essencial.

As conclusões, observações e conceitos que ele nos traz neste livro são reflexos de muito estudo, mas certamente são reflexos também das inúmeras horas de trabalho e convivência do professor Cláudio com o **Humano**, como ele mesmo gosta de pontuar. Portanto, seus conceitos acadêmicos são permeados pela sua vivência, o que contribui muito para enriquecer o resultado final deste trabalho. Esta combinação, o "conhecimento vivo", é a jóia mais valiosa que um professor/educador pode entregar ao aluno.

Afirmo, sem dúvidas, que o professor Cláudio personifica um **Talento**, conceito que emerge quando o uso das competências atinge seu ponto mais alto e gera resultados extraordinários. Assim, estou certo de que o leitor terá a mesma satisfação que tive ao se apropriar do conteúdo das próximas páginas, qual seja a de beber na fonte do conhecimento e aprendizado daqueles que transformam teoria em prática.

Victor Mirshawka Junior

Introdução

Vivemos em um mundo diferente em todas as dimensões, dentre elas a gestão de pessoas e a forma como cada um de nós gerencia sua existência nos aspectos pessoais e profissionais.

Este livro traz um conjunto de capítulos sobre as competências das pessoas e tem como principal objetivo auxiliá-lo em sua auto-análise e na montagem de seu plano de autodesenvolvimento, para que você se perceba e atue como um TALENTO.

Convivemos com um grande paradoxo, temos dezenas de pessoas disponíveis no mercado de trabalho (que alguns chamam de desempregados) e milhares de vagas não preenchidas por carência de gente competente.

Acreditamos no potencial humano e na capacidade do indivíduo de tomar sua vida nas próprias mãos e poder redirecionar sua existência.

O livro não tem como proposta a construção de um tratado sobre cada uma das competências, visto que existe na literatura uma vasta bibliografia sobre cada tema. A idéia central é, de forma breve, poder apresentar todas as competências. Com isso, cada um deverá procurar, de acordo com seu plano de desenvolvimento, as ferramentas, conceitos e atitudes necessários para alcançar seus objetivos.

O capítulo 1 apresenta uma análise sobre o desencontro entre as expectativas do mundo organizacional e o desenvolvimento das pessoas nas competências requeridas.

O capítulo 2 discute de forma breve o conceito de competência.

O capítulo 3 discorre sobre a gestão da vida.

Do capítulo 4 ao 19, este livro traz dezesseis competências, com a descrição dos conhecimentos, habilidades, atitudes, comportamentos de entrega e filmes que retratam a competência – que também é ilustrada através de expressões da arte, dos capítulos 20 a 23.

No capitulo 24, temos as conclusões e as considerações.

O mundo organizacional e os colaboradores

Identificar os desafios que permeiam a vida dos empresários brasileiros é algo bem simples. Basta ler as principais notícias veiculadas em jornais, telejornais e revistas, e será possível perceber um número elevado de acontecimentos que influenciam, em menor ou maior escala, a vida dos destemidos e persistentes humanos. Mudanças na economia, legislação e política, crescimento da concorrência, inovações tecnológicas, diferentes configurações sociais, consumidores mais esclarecidos e com expectativas ampliadas, alteração na relação com fornecedores e colaboradores etc.

Ter colaboradores competentes é pré-requisito para entrar e sobreviver nesta arena competitiva, independente do porte, setor ou localização da empresa.

Fazendo uma analogia simples, pode-se afirmar que atualmente é necessário produzir o dobro em relação ao passado, com metade do tempo, de pessoas e de recursos financeiros. Em alguns momentos, parece ser a "equação do impossível", e nela emergem os paradoxos que norteiam o mundo organizacional.

A questão acima clarifica a preocupação dos executivos acerca da qualificação de seu quadro de pessoal. Hoje em dia, as empresas não podem se dar ao luxo de ter e reter empregados improdutivos, como no passado remoto.

Em função do contexto acima apresentado, Dutra (2004) apresenta duas mudanças significativas que marcaram a década de 90 e os dias atuais:

Alteração no perfil das pessoas exigido pelas empresas.

- ◆ Do tradicional perfil de obediência e disciplina para um estilo mais autônomo e gestor de sua carreira.

Maior relevância das pessoas no sucesso do negócio ou da empresa.

- ◆ A concorrência é grande, e o nível de exigências dos clientes levou as empresas a perceberem que precisam que todos os empregados apresentem elevado nível de competência.

Para dar conta de todas as questões aqui tratadas, inicialmente surge a necessidade de definir com clareza quais as competências que uma organização deve apresentar para alcançar os objetivos estratégicos. São as chamadas competências corporativas.

As competências corporativas, por sua vez, sinalizam quais competências pessoais os empregados desta organização devem possuir, uma vez que é mútua a influência.

Em que pese isto ser algo óbvio, e até simples, a realidade é bem diferente. Nem sempre as empresas têm clareza sobre quais as competências que ela precisa ter para superar seus desafios e quais as competências que os colaboradores devem possuir.

Embora a questão anterior seja relevante, o problema maior é a empresa identificar que seus colaboradores não apresentam, na "intensidade necessária", as competências requeridas e perceber que não consegue recrutar com facilidade empregados que apresentem essas competências desenvolvidas.

Esta afirmativa pode ser ilustrada pelas seguintes manchetes de jornais e revistas:

Jornal Gazeta Mercantil, edição de 13.02.2006. *Corrida contra o tempo na capacitação profissional*

"Brasil perde competitividade e negócios por falta de mão-de-obra especializada. O gargalo da capacitação profissional é, talvez, mais preocupante. Para sustentar um ciclo de desenvolvimento prolongado e atender a novas demandas por produtos e serviços, o País precisará formar grandes contingentes de mão-de-obra especializada em diversas áreas a curto prazo. Qualquer surto de crescimento esbarra em uma séria falta de pessoal qualificado."

Revista Exame, edição de 31.01.2007. Caça dos Talentos

"Uma pesquisa recente realizada pela consultoria americana Manpower com 32 mil empresas em 19 países mostra que, em média, 30% delas teriam contratado mais gente nos seis meses anteriores à enquete se tivessem encontrado profissionais qualificados. Há previsões de que a escassez aumente nos próximos anos, à medida que a geração atual de profissionais com uma carreira já estabelecida comece a sair da empresa."

Revista América e Economia, edição de 04.06.2007. A Bolha do Talento

"O setor brasileiro de TI - Tecnologia da Informação registra hoje no País um déficit de 20 mil profissionais. Os 380 mil profissionais do mercado de TI brasileiro não conseguem atender à demanda, e os líderes do setor pedem a injeção anual de 40 mil pessoas qualificadas."

Jornal O Estado de S. Paulo, edição 16.12.2007. Falta de mão-de-obra qualificada vai custar R$ 5,1 bi à construção civil

"O preço que o Brasil terá de pagar para resolver a falta de mão-de-obra na construção civil de edificações chega a R$ 5,1 bilhões. Este é o custo estimado para a geração de vagas em cursos de capacitação e na certificação de trabalhadores. A situação é considerada emergencial."

Em pesquisa informal, realizada em sala de aula com alunos da pós-graduação, sobre qual o percentual de colaboradores da organização com os quais eles convivem que levariam para "sua empresa", o percentual, em média, foi de 20 a 30%. Esta constatação ratifica o *gap* de desenvolvimento de pessoas nas nossas organizações.

É importante contextualizar que este cenário teve grande mudança dos anos 90 em diante no Brasil.

Em 1990, Fernando Collor de Melo assumiu a presidência do Brasil, e dentre suas medidas de transformação constava a abertura do País aos produtos estrangeiros.

A conseqüência inicial foi desastrosa. Dezenas de empresas fecharam e milhares de brasileiros foram demitidos, inclusive de empresas que tradicionalmente não tinham como prática a demissão de colaboradores, e tiveram de proceder desta forma porque passaram a concorrer com produtos melhores e mais baratos.

A célebre citação de que nossos carros eram "carroças" foi apenas um eufemismo para falar dos mais diversos setores da economia que, durante anos protegidos pelo governo, não aprimoraram seus parques produtivos nem seus modelos de gestão.

O contexto acima é importante para entender o cenário da época de muitas organizações despreparadas para uma concorrência mais acirrada e, em contrapartida, um contingente expressivo de empregados acomodados e ultrapassados.

O desdobramento deste rompimento favoreceu tanto a implementação de programas de retenção de talentos por parte das empresas como uma mudança de mentalidade sobre o conceito de fidelidade eterna à empresa por parte dos empregados.

Esta ruptura é mais bem percebida nos jovens que entram atualmente no mercado de trabalho. Eles não estão dispostos a esperar "um longo tempo" para receber promoção e reconhecimento por seus esforços e capacitação.

Os mais antigos se dividem em dois grupos: os que buscam se qualificar e correr atrás da vitória, e aqueles que se lamentam pelos cantos, lembrando a todos o quanto a empresa mudou, afirmando que ela não é mais aquela "mãe" que conheceram no passado.

Para estes últimos, o rompimento do contrato psicológico lhes trouxe conseqüências emocionais graves, bem como para todos os que convivem com eles.

O mundo organizacional hoje carece de talentos.

Para dar conta deste desafio e fugir o mais rápido possível do atual quadro mostrado nas reportagens, se faz necessário investir no desenvolvimento das pessoas e auxiliar na expansão dos potenciais humanos.

Dutra (2004) traz uma reflexão sobre as conseqüências para as empresas que não investem no desenvolvimento de suas equipes. Sinaliza a dificuldade em sustentar vantagens competitivas e na atração e retenção de talentos, pois cada vez mais os colaboradores buscam instituições que lhes agreguem valor e desenvolvimento profissional.

Conhecer quais são as competências necessárias e em que nível de desenvolvimento o colaborador se encontra é importante para as empresas e para os colaboradores.

Diversos autores, dentre eles Chowdhury (2003), Wlanice (2004), Spitzer & Evans (2000), fazem referência à importância das empresas que efetivamente trabalham no desenvolvimento e na retenção de seus talentos.

Por tudo que foi citado até aqui, é relevante reforçar a importância de processos seletivos bem estruturados, com a presença dos gestores da empresa na etapa final.

Reicheld (2002) ressalta a importância de os executivos seniores envolverem-se com a seleção dos colaboradores e com o planejamento de seu treinamento, principalmente nas primeiras quarenta horas do funcionário. Por sua vez, Woodruffe (1991) sinaliza a importância de se identificar que competências são difíceis de serem adquiridas e sugere um rigor maior sobre estas nos processos seletivos.

O que é competência? Uma breve discussão

A idéia deste capítulo, conforme o título, não é aprofundar nem esgotar o assunto. Para tanto, sugiro a leitura dos artigos e livros de Joel Souza Dutra. O conceito de competência foi inicialmente definido por David McClelland (1973). Diversos autores trouxeram suas contribuições, dentre eles: Boyatzis (1982), Le Boterf (2003), Woodruffe (1991) Parry (1996), Zarifian (1996) e McLagan (1997).

No Brasil, destacam-se: Dutra (2001, 2004), Fischer (2001), Fleury Afonso (2000), Fleury Maria (2000,2001) e Leme (2008).

Competência é o conjunto de conhecimentos, habilidades e atitudes correlacionadas que em ação agregam valor ao indivíduo e à organização, ao que denominamos de entrega.

O competente, portanto, consiste não somente em estar preparado para fazer algo, mas pôr em prática, ou seja, não é suficiente conhecer conceitos sobre a arte de escrever, ter habilidade em escrever e querer escrever; para ser reconhecido como competente na dimensão escrita, é necessário escrever efetivamente.

Conhecimento	**SABER.** Engloba os saberes apreendidos na faculdade, nos cursos, nas leituras, no trabalho e na escola da vida. Exemplo: conhecer os tipos de nado.
Habilidade	**SABE FAZER.** É a dimensão prática que desenvolvemos na medida em que empregamos o conhecimento adquirido. Exemplo: exercita-se na piscina, nadando, capacitando-se na habilidade de nadar.
Atitudes	**QUERER FAZER.** É a predisposição pessoal em fazer ou não alguma ação. É o que nos leva a pôr em prática os conhecimentos e habilidades. Exemplo: disciplina e persistência em aprender e treinar o nado.
Entrega	**FAZER.** É executar efetivamente. Pôr em prática. Exemplo: nadar efetivamente.

Alguns autores fazem a seguinte distinção:

Conhecimento	Saber	Competência Técnica
Habilidade	Saber Fazer	
Atitude	Querer fazer	**Competência Comportamental**

Não utilizaremos a distinção acima em função da escolha conceitual deste trabalho, que percebe a competência como a manifestação "em conjunto" de conhecimento, habilidade e atitudes.

As pessoas entendem competência comportamental como sinônimo de competência e começam a dizer que flexibilidade é uma competência, quando no máximo pode ser chamada de competência comportamental.

Outra questão que se discute muito é qual o peso de cada uma das variáveis Conhecimento, Habilidade e Atitudes, a que comumente chamamos de **CHA**.

Roberto Shinyashiki (2007) traz um sério questionamento sobre as ações organizacionais que procuram reforçar as atitudes de pessoas que não apresentam conhecimento e habilidades na intensidade necessária. Ele traz a figura do "motivado despreparado", que é tão inadequado quanto o indivíduo que tem conhecimento e habilidades e não tem atitudes.

Em que pese a preocupação acima apresentada, hoje, o mundo organizacional se depara com um elevado número de indivíduos que apresentam conhecimentos e habilidades e não tem apresentado atitudes na mesma intensidade.

Esta é uma das explicações por que algumas empresas têm seguido a seguinte receita: "contrate atitudes e desenvolva conhecimentos e habilidades".

Em função da crença, apresentam-se duas fórmulas:

$$E = A(C + H) \qquad E = A(C + H)$$

C = Conhecimento
H = Habilidade
A = Atitude
E = Entrega

A leitura que se faz destas fórmulas é: indivíduos com o mesmo percentual de conhecimento e habilidades apresentam a probabilidade de resultados superiores, se sua atitude for maior. Esta crença possibilita a expressão da frase: sua atitude sinalizará a altitude que alcançará.

As atitudes são o diferencial competitivo dos talentos, pois conhecimentos e habilidades são facilmente assimilados ou aprendidos.

É bom lembrar que, se o conhecimento e as habilidades forem baixos, a entrega também o será, reforçando a preocupação de Shinyashiki.

Todos são importantíssimos, e a ausência de qualquer um deles faz emergir os problemas que temos no mundo moderno.

O quadro abaixo traz um resumo das possíveis situações que podem ser observadas no dia-a-dia.

CONHECIMENTO	HABILIDADE	ATITUDE	RESULTADO
Apresenta	Apresenta	Apresenta	Ok. Entrega efetuada. Fatores externos podem influenciar esta entrega.
Não apresenta	Não apresenta	Não apresenta	Entrega não efetuada.
Não apresenta	Não apresenta	Apresenta	Entrega comprometida. Quando efetuada, a qualidade é precária e recaem sobre ela elevados gastos de tempo e recursos.
Não apresenta	Apresenta	Apresenta	Entrega com baixa qualidade, gastos maiores de tempo e recursos.

Apresenta	Não Apresenta	Apresenta	Entrega com baixa qualidade, gastos maiores de tempo e recursos.
Apresenta	Apresenta	Não apresenta	Entrega comprometida. Quando efetuada, traz em seu ventre desinteresse, desmotivação e falta de criatividade, o que gera grandes gastos de tempo e recursos.

Fonte: o próprio autor

Comportamento de entrega

Em gestão de competências, a mensuração quanto ao resultado apresentado se dá pelas ações ou realizações que comumente chamamos de comportamento de entrega.

O comportamento de entrega é algo observável e mensurável e auxilia a identificar se a competência está sendo "entregue".

É muito comum escutarmos *feedbacks* genéricos e vagos, do tipo "você não está bem"; o comportamento de entrega especifica "o que" falta fazer ou está sendo feito de "forma inadequada".

Os comportamentos de entrega auxiliam o gestor no diagnóstico e na montagem do plano de desenvolvimento do colaborador e ajudam o empregado a perceber as entregas efetuadas ou a serem realizadas.

A gestão da própria vida

Charles Handy (2001) afirma que a verdadeira revolução social é a mudança de uma vida amplamente organizada para nós para um mundo no qual somos todos forçados a estar no comando de nosso próprio destino.

Dutra (2004) traz uma reflexão sobre a dificuldade que as pessoas têm em pensar em sua carreira e assumir a gestão do próprio desenvolvimento.

Dificuldades a parte, o que não se pode perder de vista é que a gestão da carreira profissional é algo indelegável e sua eficaz construção determina o nível que o indivíduo alcançará na escala evolutiva.

Da mesma forma que uma empresa faz seu planejamento estratégico, cabe ao indivíduo construir sua missão, visão e objetivos, identificando suas forças, fraquezas, ameaças e oportunidades, montando em seguida sua estratégia e plano de auto-desenvolvimento.

Abaixo apresento as etapas de um plano de auto-desenvolvimento.(*)

Primeira etapa: auto-análise

Pergunte-se: Quais são as minhas competências? Qual é o meu talento? Qual é o meu diferencial? Quais são os meus pontos fortes?

Mas como saber em que sou competente?

(*) Síntese de um artigo publicado no livro "Top Management 2007" distribuído aos participantes das palestras ministradas no estande da FAAP no ExpoManagement 2007 da HSM.

Vejamos algumas dicas:

- Você geralmente é elogiado e reconhecido pelos colegas e amigos quando faz algo?
- Você sente um prazer imenso em realizar atividades em que sua competência é utilizada e nem sente o tempo passar?
- Você sente prazer em estudar e se aprofundar sobre esta competência?
- Você percebe se confunde trabalho e lazer quando realiza algo que envolve esta competência?

Segunda etapa: oportunidades e ameaças

O que são oportunidades e ameaças?

São situações, acontecimentos ou fatos, favoráveis ou não a um grupo de indivíduos que apresentam ou não determinada competência.

Terceira etapa: objetivos e metas

Depois de definidos o diferencial, a competência e a oportunidade, a próxima etapa é decidir o que se quer. A definição de objetivos tem uma relação direta com a palavra FOCO. Quem não tem foco, gasta tempo e energia com atividades e ações que não auxiliam a alcançar êxito.

O mundo tem tantos atrativos e pressões, que se não tivermos muito cuidado, nos desviamos de nossos objetivos a todo o momento. No mundo organizacional chamo isto de "iscas". São promoções ou atividades que farão você perder tempo, não agregando conhecimento ou habilidades necessárias ao seu intento. Estratégia exige a coragem de dizer não.

A palavra disciplina é muito mal vista no Brasil, por ser associada a autoritarismo ou ditadura. Muito pelo contrário, a disciplina é fundamental para aqueles que desejam chegar a um objetivo. Quem não tem disciplina, descansa demais, é muito condescendente com os próprios pontos fracos e, geralmente, não caminha em direção dos seus objetivos com a mesma intensidade que caracteriza os vencedores.

Qual a diferença entre metas e objetivos?

Um conjunto de metas alcançadas nos permite atingir um objetivo.

Um exemplo de objetivo: ter uma vida saudável; a meta é tomar dois litros de água por dia, realizar atividades físicas diariamente, não tomar sol sem protetor solar, etc.

Como definir os objetivos?

Exercício prático: Pegue uma folha de cartolina e pense no futuro. Policie-se para não pensar nas dificuldades ou problemas que o preocupam no presente, então:

A) Defina o que espera ser e ter daqui a 10 anos. Coisas do tipo: onde quero morar, com quem quero viver, quantos filhos desejo ter, que posição na empresa desejo ocupar, que papel desejo ocupar na sociedade, que realizações espero implementar ou ter implementado.

B) Volte para o presente mentalmente e faça o seguinte questionamento: Fazendo o que estou fazendo em minha vida pessoal e profissional hoje, chegarei onde estabeleci no item anterior?

C) Se a resposta for sim, continue fazendo o que faz e seja feliz. Se a resposta for não, provavelmente seja necessário rever o seu gráfico existencial. Se você deseja chegar ao ponto (b) e está no ponto (a) e se caminhando em linha reta não chegará lá, certamente precisará subir alguns degraus, que chamo de pontos de ruptura ou de descontinuidade. Ponto de ruptura ou de descontinuidade são modificações ou alterações que devem ser feitas para o alcance de objetivos, tais como: mudar de estado, de residência, casar, fazer um curso, aperfeiçoar-se, adquirir novas competências, aprender um idioma, passar uns tempos fora do país, etc.

Se você avaliar que não está disposto a fazer esforços ou mudar para superar os pontos de ruptura, sugiro retornar ao item (a) para que reveja seus objetivos.

Lembro que objetivos mudam também em função dos acontecimentos que estão fora de nosso controle. Neste caso retorne ao item (a) e refaça seus planos. É o que chamamos em administração de "Plano de Contingências".

O comportamento oposto é deixar "a vida me levar", tornando-se um ser passivo e refém dos acontecimentos.

Uma dica é não exagerar na quantidade de objetivos, pois quem tem cem com "c" pode ficar sem com "s". Cuidado também para não ancorar toda sua existência em um único sonho e perder a oportunidade de concretizar outros. Os objetivos devem ser específicos, mensuráveis, realizáveis e ter um prazo para consecução.

Quarta etapa: formulação das estratégias

"Os campeões sempre têm uma estratégia para realizar seus sonhos e não tê-la é aprender com os erros, e às vezes o preço é muito alto" (Roberto Shinyashiki, em Os Segredos dos Campeões).

Tão importante quanto definir o que se quer para a própria vida, é planejar como se espera alcançar estes desafios.

Neste momento identificamos qual o melhor caminho para chegar ao objetivo. Vale ressaltar que cada caminhante tem um estilo pessoal. Tem gente que adora estradas planas, outros gostam de curvas perigosas, outros se realizam com uma ladeira, pois é a personalidade e o estilo de vida que definem o "como".

É fundamental também listar a relação de parceiros ou colaboradores que podem nos auxiliar nesta caminhada. Surge aqui, uma palavra muito citada no mundo contemporâneo: *networking*.

Alerto para a importância da família na definição do "como". Pois, você pode criar sonhos sozinhos, mas precisará dos outros para torná-lo realidade.

Esta é uma etapa em que nossos valores definem nossa velocidade e os desvios que estamos dispostos a fazer.

"Um ser humano precisa de poucos, mas tem que honrá-los, são seus valores", afirmou certa vez, o professor Dr. Reynaldo Marcondes.

Ainda nesta mesma dimensão é relevante deixar registrado que crenças e valores podem ter uma dimensão propulsora ou restritiva. Sendo restritiva faz-se necessário revê-los e esta tarefa, em muitos casos, não é fácil.

Charles de Gaulle afirmou: "as distâncias maiores que deveremos percorrer estão dentro de nós mesmos".

Quinta etapa: implementação das estratégias

"Tem uma hora que você tem que tirar do papel e executar"
(Amir Klink)

Esta é a etapa que distingue os vitoriosos dos demais. Fazer planos maravilhosos, embora não seja algo tão fácil, é mais comum se efetivar, entretanto, por em prática exige foco, disciplina e competência, como anteriormente citado.

Um problema muito comum é quando a pessoa desiste dos seus objetivos ao se deparar com as primeiras dificuldades, principalmente quando não se formulou uma estratégia de forma adequada. Costuma-se dizer que é mais fácil encontrar pessoas que desistiram que pessoas que não obtiveram êxito. Os que assim o fazem, geralmente procuram um culpado para se justificar ou se sentir melhor emocionalmente.

Os tradicionais culpados escolhidos são coincidentemente itens que começam com a letra P: pais, professores, patrões, política do governo, parentes, pares (colegas de trabalho) e o país.

Sexta etapa: controle

"É preciso ouvir e entender as estrelas"
(Olavo Bilac)

O controle é o velocímetro que sinaliza ou monitora o quanto se está próximo ou distante dos objetivos traçados e permite fazer as adequações necessárias.

Muitas vezes as pessoas esperam alcançar seus objetivos para festejar. Eu aconselho uma comemoração a cada meta alcançada.

Vale lembrar o segredo oriental: a felicidade também tem a ver com a jornada. Podemos e devemos sentir prazer e felicidade em fazer algo que nos aproxima de nossos objetivos.

Ler os sinais que o universo nos envia, possibilita-nos descobrir antecipadamente quantos buracos existem ao longo da estrada.

A gestão financeira da existência precisa ser gerenciada. Ao definir nossos objetivos, é preciso montar e gerenciar as receitas e despesas.

Quem gasta mais do que ganha, sempre ganha pouco, independente do valor recebido.

Competência – Comunicação Escrita

"Nunca desista. Nunca. Nunca.Nunca.Nunca."
Winston Churchill

Comunicar é tornar comum. Se o outro não entendeu, não ocorreu comunicação. Apresentar esta competência é um diferencial competitivo, pois hoje é difícil encontrar pessoas que a apresentem em grau mínimo. Produzir textos não é uma tarefa fácil e não existe uma "fórmula mágica" para aprender. Os eruditos da língua salientam algumas regras básicas: ler muito, aprender a interpretar textos e escrever constantemente. Vários escritores famosos afirmam que do primeiro texto que sai do papel para a versão final para as editoras, refazem de duas a quarenta vezes. Escrever, portanto, é: prática, prática, prática.

Vive-se no mundo onde a tecnologia minimizou o contato do homem com a leitura, com a gramática, e com o ato de escrever. Existem códigos para minimizar as palavras na Internet; a comunicação empresarial antes focada em cartas e memorandos, foi substituída por *e-mails*; a leitura de textos e livros para realização de trabalhos escolares foi substituída por "resumos" disponibilizados na Internet, as mensagens enviadas pelo celular, minimizam também o ato de escrever; o mundo da imagem estimula o indivíduo à ter pouco tempo para a leitura; os corretores eletrônicos nos programas de texto no micro-computador, levam o indivíduo a se distanciar da gramática; as antigas provas dissertativas foram substituídas por provas objetivas de múltiplas escolhas, em que o indivíduo somente marca um "X".

Pesquisas nas escolas apontam as dificuldades dos alunos em escreverem corretamente. O ato de escrever nas escolas ficou circunscrito a "aula de redação", quando deveria ser percebida como uma prática em todas as matérias e não em um momento solene. Vez por outra os jornais trazem reportagens com erros gritantes nas redações de vestibulares, o que sinaliza também a dificuldade desta competência. Em conversas com professores de pós-graduação escuta-se comentários sobre a dificuldade dos alunos escreverem a famosa "monografia", que antes era desenvolvida em grupo e hoje é individual, o que faz emergir ainda mais este problema. Até no mestrado é comum encontrar alunos que apresentam dificuldade em escrever de forma clara a sua dissertação.

A outra competência "irmã" que é a "comunicação falada" é influenciada por esta, pois quem não escreve ou escreve errado, comunica-se de forma inadequada ou limitada.

Reforçando o que foi dito em todo o texto, o cenário sinaliza poucas oportunidades de desenvolver esta competência. Quem assim desejar precisa ter muita disciplina e persistência.

Conceito:

Capacidade de construir textos.

Conhecimentos que favorecem a expressão da competência:
- Atualidade.
- Morfologia.
- Planejamento.
- Regras da Associação Brasileira de Normas Técnicas (ABNT).
- Regras de redação de textos – Fonologia.
- Sintaxe.

Habilidades que favorecem a expressão da competência:

- Capacidade de fazer conexões.
- Capacidade de selecionar informações.
- Habilidade de argumentar.
- Habilidade de combinar palavras.
- Habilidade de escrever.
- Habilidade de interpretar textos.

Atitudes que favorecem a expressão da competência:

- Auto-confiança, disciplina, entusiasmo, humildade, persistência, resiliência, responsabilidade, segurança e sensibilidade.

Dica prática:

"O segredo de um bom artigo não é talento, mas dedicação, persistência e manter-se ligado a algumas regras simples. Reescrevo cada artigo, em média, 40 vezes. Releio 40 vezes, seria a frase mais correta porque na maioria das vezes só mudo uma ou outra palavra, troco a ordem de um parágrafo ou elimino uma frase. O pessoal se impressiona é com a quantidade de informação relevante que consigo colocar numa única página de artigo, e isto minha gente não é inteligência, é treino. Portanto, mãos à obra." Stephen Kanitz

Comportamentos de entrega:

- Define a quem se destina o texto.
- Define o objetivo do texto a escrever.
- Desenvolve textos com: introdução, desenvolvimento e conclusão.
- É objetivo na escrita.
- Escolhe as melhores palavras para compor a frase.
- Escreve os tópicos que deseja abordar no texto.
- Escreve parágrafos que tenham relação com o objetivo do texto.
- Faz uma coesão ou ligação entre os parágrafos.
- Identifica argumentos favoráveis ao objetivo do texto.

- Seleciona as informações que vêm ao encontro de seu objetivo.
- Usa adequadamente a língua e as normas.
- Aplica termos de uso comum.
- Utiliza sinônimos para não repetir palavras no texto.

BIBLIOGRAFIA BÁSICA:

CEGALLA, Domingos Pascoal. **Novíssima Gramática da Língua Portuguesa.** São Paulo: IBEP, 2005.
FAULSTICH, Enilde L. de J. **Como ler, entender e redigir um texto.** 18.edº Rio de Janeiro: Vozes, 2005.
FERNANDES, Francisco. **Dicionário de sinônimos e antônimos da língua portuguesa.** 38 edº   São Paulo: Globo, 1999.
PERROTTI, Edna M. Barian. **Superdicas para escrever bem diferentes tipos de texto.** São Paulo: Saraiva, 2006.

FILMES QUE ILUSTRAM A COMPETÊNCIA:
- Encontrando Forrester.
- Escritores da liberdade.

Competência – Comunicação falada

"O que você é fala tão alto, que não consigo ouvir o que você diz"
Ralph Waldo Emerson

A competência comunicação falada será discutida neste texto como capacidade de falar em público. Existe uma proporção direta da importância desta competência ao medo que as pessoas têm em fazê-lo. Seus sinais são muito conhecidos: "frio na barriga", tremor nas mãos, mãos frias, taquicardia, suor e boca seca, constrangimento e insegurança, entre outras.

Os gregos diziam: "fala-me para que ti veja." Para os gregos, falar em público era requisito de qualidade humana, inicialmente concedida somente a alguns cidadãos.

No mundo empresarial, acadêmico e social, falar em público se tornou uma necessidade, independente do posto ocupado. É comum participar de reuniões, treinamentos, apresentação de propostas para clientes, internos e externos, e ser solicitado a apresentar-se ou apresentar um tema específico.

Nos processos seletivos, a comunicação é levada em conta na maioria dos cargos, e mesmo não sendo requisito do cargo, os que falam bem em público têm mais facilidade em expor suas competências, e isto potencializa seu êxito no processo.

Na grande maioria, o desenvolvimento da competência falada é da mesma natureza da competência escrita, ou seja, é questão de hábito. É muito comum encontrar palestrantes famosos que afirmam que no passado tinham medo e ficavam em pânico ao saber que falariam em público, até entre amigos e família.

Costumo afirmar que existem três grandes causas que levam um indivíduo a ter medo de falar em público: a falta de prática, o desconhecimento das técnicas e o medo de ser avaliado ou rejeitado.

Para os dois primeiros, a solução é mais simples: conhecer algumas técnicas e praticar.

Os que apresentam dificuldade de natureza emocional envolvem uma análise de crenças e valores e o apoio é conduzido por um profissional adequado, que irá trabalhar as questões de autoconfiança e auto-estima.

Uma dimensão importante da competência comunicação é a congruência entre falar, pensar e sentir, pois a grandeza da competência está em conseguir atrair a atenção e o respeito do ouvinte, sinalizando aqui a importância das competências relacionamento intrapessoal e interpessoal. Comunicar é SER, pois manifestamos nossa identidade ao nos expor.

Conceito:

Capacidade de apresentar idéias para uma pessoa, um grupo, uma platéia ou uma multidão de pessoas.

Conhecimentos que favorecem a expressão da competência:

- ◆ A arte de contar histórias.
- ◆ Administração de conflitos.
- ◆ Conhecimento sobre o tema a apresentar.
- ◆ Percepção.
- ◆ Processos de grupo.
- ◆ Regras gramaticais da língua portuguesa.
- ◆ Sistema operacional *Power Point*.
- ◆ Técnicas de apresentação.

Habilidades que favorecem a expressão da competência:
- Capacidade de adaptar-se a novas situações.
- Capacidade de estimular a participação da platéia.
- Capacidade de selecionar e priorizar temáticas.
- Habilidade de persuasão.
- Habilidade de transmitir idéias.
- Capacidade de tornar uma apresentação descontraída
- Raciocínio lógico.
- Capacidade de percepção e observação.

Atitudes que favorecem a expressão da competência:
- Autenticidade, dinamismo, disciplina, empatia, entusiasmo, ética, flexibilidade, humildade, objetividade, persistência, pró-atividade, resiliência, respeito, responsabilidade, segurança, sensibilidade e tolerância.

Comportamentos de entrega:
- Apresenta exemplos e histórias que enriquecem a apresentação.
- Apresenta material de apoio com qualidade e criatividade.
- Apresenta o tema fazendo correlação com a realidade externa.
- Apresenta os tópicos com fluência, gradualidade e logicidade.
- Demonstra atenção e respeito com os ouvintes.
- Demonstra ter conhecimento do assunto.
- Envolve a platéia na apresentação.
- Escuta ativamente e posiciona-se de forma empática diante das inserções dos ouvintes.
- Fala de forma atraente, clara, entusiasmada, objetiva e segura.
- Percebe a dinâmica do público.
- Planeja a apresentação definindo: objetivo, conteúdo, seqüência de tópicos, público alvo, expectativa e tempo.
- Provoca reflexões que estimulam a compreensão.

- Revê o planejamento da apresentação considerando a necessidade da platéia.
- Se expressa com timbre, ritmo, velocidade e volume adequados de forma a manter a atenção dos que assistem.
- Usa linguagem e terminologia adequada.

BIBLIOGRAFIA BÁSICA:
FREIRE, Paulo. **Pedagogia da autonomia. Saberes necessários a prática educativa.** São Paulo, Paz e Terra, 1996.
POLITO, Reinaldo. **Como falar corretamente e sem inibições.** 111º Edição. São Paulo. Saraiva, 2006.

FILMES QUE ILUSTRAM A COMPETÊNCIA:
- O espelho tem duas faces.
- Mr. Holland, adorável professor.
- O oitavo dia.

Competência – Criatividade e Inovação

> *"A verdadeira mágica da descoberta não está em buscar novas paisagens, mas em ver com novos olhos."*
> Marcel Proust

Rolando Toro, afirma que a criatividade é uma expressão natural de todos os seres humanos, e que uma concepção elitista separa as pessoas comuns dos criadores. A criatividade se apresenta na forma como cada um conduz sua existência, assumindo o papel de autor de sua vida, expressando assim seus potenciais genéticos.

Rogers afirma que criatividade é tendência para exprimir e ativar todas as capacidades do organismo, na medida em que esta ativação reforça o organismo ou o eu.

O contexto histórico e a escolha individual afetam a expressão da criatividade.

A competência criatividade se faz necessária nas diferentes dimensões da vida: emocional, social, intelectual, espiritual, física, financeira e familiar.

Fazendo um recorte no contexto organizacional, lembramos de uma época em que cada indivíduo criava ou construía um objeto, modelo este, alterado com a revolução industrial que permitia a cada um, fazer somente uma parte do todo. Estabelecia-se assim uma atuação limitada e não sistêmica dentro das organizações. Os resquícios deste modelo ainda se fazem presentes em muitas empresas e "instituições de ensino".

Nesta linha Rubem Alves faz críticas contundentes na forma como as instituições de ensino "educam" os alunos.

Chegamos ao século XXI e os desafios do mundo moderno exigem pessoas plenas e criativas. Entretanto, a forma como a educação e a gestão de pessoas se estabeleceu, tem influenciado muito na repressão dos potenciais genéticos apontados por Toro e Rogers.

Na dimensão individual, é possível identificar um sentimento de "vítima" e busca de "culpados" para justificar os atos e comportamentos de não ação criativa no dia-a-dia.

Os bloqueios mais comuns na expressão da criatividade são os medos (errar, ser punido, ser rejeitado).

A identidade fortalecida com vivências de autoconfiança e auto-realização é fundamental na manifestação da criatividade, portanto, sistemas repressores minimizam ou extirpam sua manifestação.

Segundo Evans e Russell (1997) o que caracteriza o indivíduo criativo não é uma forma diferente de agir, mas uma forma diferente de ser. Alguém que se conhece mais, tem claro para si as suas motivações e sabe como "satisfazê-las".

Conceito:

Capacidade de identificar soluções novas e diferentes e pôr em prática.

Conhecimentos que favorecem a expressão da competência:

♦ A arte de perguntar.

♦ Bloqueios na expressão criativa.

♦ Criatividade.

♦ Diferença entre criatividade e inovação.

♦ Fases da criatividade.

- Ferramenta *brainstorming*.
- Intuição e *insight*.
- Mecanismos de resistência.
- Mudança.
- Percepção.

Habilidades que favorecem a expressão da competência:
- Capacidade de fazer conexões.
- Capacidade de selecionar informações.
- Capacidade de identificar soluções.

Atitudes que favorecem a expressão da competência:
- Auto-confiança, curiosidade, entusiasmo, humildade, persistência, resiliência, responsabilidade, segurança e sensibilidade.

Comportamentos de entrega:
- Analisa as situações sob diferentes perspectivas.
- Apresenta idéias para melhorar processos ou resolver problemas.
- Busca alternativa para problemas.
- Corre riscos para implementar suas idéias..
- Cria e implementa rotinas operacionais mais simples, reduzindo custo e tempo.
- Desenvolve uma forma própria para guiar sua existência.
- Encontra uma maneira mais simples de realizar as atividades.
- Está aberto a novas experiências.
- Identifica soluções mais rapidamente para problemas comuns.
- Implementa idéias novas.
- Propõe formas e práticas diferentes de fazer as coisas.
- Propõe soluções que geram melhores resultados organizacionais.

- Soluciona com mais facilidade problemas de maior complexidade.
- Utiliza a ferramenta *brainstorming*.

BIBLIOGRAFIA BÁSICA:
MIRSHAWKA, Victor Jr. e MIRSHAWKA, Victor. **Qualidade da Criatividade. Vol 1 e 2.** São Paulo, DVS, 2003.
EVANS, Roger e RUSSELL, Peter. **O Empresário Criativo.** São Paulo. Cultrix, 1997

FILMES QUE ILUSTRAM A COMPETÊNCIA:
- Doutores da alegria.
- Dança, paixão e fama.
- De encontro com o amor.

Competência – Empreendedorismo

> *"Toda empresa precisa ter gente que erra,
> que não tem medo de errar e que aprende com o erro."*
> Bill Gates

Estudos sobre empreendedorismo sinalizam o Brasil como um dos países mais empreendedores do mundo, apresentando como características principais a criatividade, a flexibilidade, a resiliência para superar desafios e a capacidade de conviver com um contexto cambial, trabalhista, financeiro e tributário não muito favorável.

O Brasil inclusive é percebido por algumas empresas, como "escola de formação" de CEOs.

Para ser empreendedor não necessariamente o indivíduo precisa ser proprietário de uma empresa, pode ser um "empreendedor interno" ou "intra-empreendedor".

Esta dimensão empreendedora é requerida não somente para aqueles que desejam montar um negócio próprio, mas também dentro das organizações e para todos os profissionais liberais.

O empreendedor interno é aquele que trata a empresa como se fosse dele, tem um desempenho acima da média dos colegas de trabalho e é auto-motivado. Contribuí com idéias, desenvolvendo projetos para maximizar os resultados da empresa, assumindo riscos que ultrapassam o limite de suas atividades comuns, não poupando esforços e energia para seu êxito. Tem interesse em ascender na organização, e se sente responsável pelo alcance da visão e missão da empresa, trabalhando com dedicação para que o cliente se sinta satisfeito e encantado com o atendimento. E se predispõe a coordenar pessoas.

O empreendedor interno apresenta a capacidade de se recuperar quando um projeto não obtém o resultado esperado. Tem uma visão sistêmica e acompanha constantemente o mercado e mudanças no mundo.

Vale salientar que este perfil de profissional precisa conviver em uma cultura organizacional que lhe dê respaldo, caso contrário ele vai se sentir "preso" e a probabilidade é que deixe a organização.

O empreendedor é um visionário. Acredita em uma realidade que não está devidamente delineada e muitas vezes desacreditada por várias pessoas.

Em que pese todas as características acima apresentadas como positivas do empreendedor brasileiro, é importante pontuar que o mesmo às vezes não se planeja de forma adequada quando abre um novo negócio. No Brasil o SEBRAE e o Instituto Empreendedor Endeavor têm desenvolvido um trabalho extraordinário no acompanhamento e desenvolvimento da competência empreendedorismo.

Conceito:

Capacidade de identificar oportunidade de negócios, implementá-la e assumir seus riscos.

Conhecimentos que favorecem a expressão da competência:

- Análise de cenários.
- Conceitos básicos de recursos humanos, *marketing*, finanças, legislação.
- Fases de um plano estratégico.
- Ferramenta de acompanhamento e mensuração de resultados.
- Negociação.
- Plano de negócio.
- Segmentação, posicionamento e negócio.
- Tomada de decisão.

Habilidades que favorecem a expressão da competência:

- Capacidade de identificar oportunidade de negócio.
- Capacidade de identificar soluções para necessidades explícitas ou implícitas dos clientes.
- Capacidade de selecionar informações.
- Capacidade de tomar decisões com poucas informações.

Atitudes que favorecem a expressão da competência:

- Auto-confiança, curiosidade, coragem, entusiasmo, persistência, resiliência, responsabilidade, segurança e sensibilidade.

Comportamentos de entrega:

- Acompanha as mudanças que ocorrem no mundo que impactam em seu negócio.
- Analisa as situações sob diferentes perspectivas.
- Antecipa-se ao lançamento de produtos e serviços em relação à concorrência.
- Corre riscos para implementar suas idéias.
- Cria e mantém uma rede de contatos em seu setor de atuação e mercado.
- Estimula o comportamento empreendedor de seus colaboradores.
- Identifica necessidades dos clientes explicitas e implícitas.
- Implementa idéias novas.
- Negocia com clientes e fornecedores em uma perspectiva ganha-ganha.
- Propõe formas e práticas diferentes de fazer as coisas.

BIBLIOGRAFIA BÁSICA:
MIRSHAWKA, Victor e Mirshawka, Victor Jr. **Gestão Criativa. Aprendendo com os mais bem-sucedidos empreendedores do mundo.** 2º Edição. DVS. São Paulo, 2003.
MIRSHAWKA, Victor. **Empreender é a solução.** São Paulo, DVS, 2003.
Endeavor, Instituto empreender. **Como fazer uma empresa dar certo em um país incerto.** Conselhos e lições de 51 empreendedores mais bem-sucedidos do Brasil. Rio de Janeiro, Elsevier.2005.

FILMES QUE ILUSTRAM A COMPETÊNCIA:
- Dois filhos de Francisco.
- Mensagem para você.
- O Aviador.

Competência – Gestão da Informação

*"Onde está a sabedoria que nós perdemos no conhecimento?
Onde está o conhecimento que nós perdemos na informação?"*
Thomas S. Eliot

Informo que não serão discutidos neste texto os termos: dado, informação e conhecimento e inteligência. A competência "gestão da informação" está relacionada à capacidade de selecionar e utilizar a informação. Ela é extremamente importante para todos os profissionais, independente do cargo ocupado; e é fundamental na gestão da vida, pois influencia nas decisões a tomar.

No passado dizíamos que quem tinha informação tinha poder. Este contexto histórico estava ligado a um momento em que era difícil ao homem obter informação. Hoje a expressão correta seria: quem consegue identificar uma informação relevante e utilizá-la, tem poder. Esta nova afirmativa traz em seu bojo duas questões fundamentais na gestão desta competência.

Primeiro: identificar uma informação relevante. Para isto é fundamental definir o que se deseja e em seguida garimpar este imenso oceano de informações. O que se pode afirmar é que: tem muita gente se afogando no oceano de informação. Hoje a Internet pode ser considerada como a maior biblioteca virtual do mundo.

O Google traz mais de oito milhões de citações para uma simples pesquisa sobre o tema "liderança" e no campo literário a questão também se repete. No mundo organizacional, a grande questão é Qual informação é relevante? Um exemplo é conseguir identificar o que é importante naqueles "quarenta e seis" relatórios que são disponibilizados todas as segundas-feiras.

Segundo: utilizar a informação relevante. É comum, não normal, identificar empresas que compram relatórios caríssimos sobre análise ou pagam consultoras para desenvolver projetos que nunca são lidos ou postos em prática. Existe um paralelo entre algumas doenças humanas e os comportamentos em relação à informação:

GULA: dezenas de livros, relatórios e programas são adquiridos e não são utilizados, o que caracteriza excesso de "energia" que ocupa espaço e representa custo.

BULIMIA: também são comprados os itens acima, a diferença é que são destruídos ou simplesmente postos no lixo. O que caracteriza gasto e não investimento.

ANOREXIA: neste, o indivíduo nega-se a obter a informação para a tomada de decisão. É um comportamento tão grave como os anteriores. Já comentei na competência empreendedorismo um exemplo desta postura. Na dimensão pessoal este comportamento leva indivíduos a tomarem decisões erradas ou precipitadas. E quem garimpa boas informações e põe em prática obtém resultados exponencialmente diferentes.

Conceito:

Capacidade e disposição para buscar e selecionar informação, utilizando-a como subsídio para decisões profissionais ou pessoais.

Conhecimentos que favorecem a expressão da competência:
- Administração do tempo.
- Cinco forças competitivas de Michael Porter.
- Contra informação.
- Dado, informação, conhecimento e inteligência.
- Ferramenta Pareto – técnica de priorização.
- Ferramenta SWOT – forças, fraquezas, ameaças e oportunidades.
- Percepção.

- Recursos tecnológicos para busca de informação.
- Técnicas de pesquisa.
- Tomada de decisão.
- Visão sistêmica.

Habilidades que favorecem a expressão da competência:
- Capacidade de análise.
- Capacidade de fazer conexão.
- Capacidade de priorizar.
- Capacidade de selecionar informações.
- Escutar e perceber o implícito.

Atitudes que favorecem a expressão da competência:
- Curiosidade, dinamismo, disponibilidade, disciplina, entusiasmo, ética, flexibilidade, iniciativa, objetividade, persistência, pró-atividade, segurança e sensibilidade.

Comportamentos de entrega:
- Administra o tempo na obtenção da informação.
- Analisa as informações obtidas.
- Busca informações para tomada de decisão.
- Correlaciona às diferentes informações obtidas.
- Correlaciona as informações obtidas aos objetivos estratégicos individuais ou da empresa.
- Estabelece objetivos de pesquisa.
- Mantém-se atualizado com os acontecimentos do mundo e da organização.
- Prioriza por grau de importância a informação obtida.
- Sintetiza as informações obtidas.
- Verifica a adequação da informação ao objetivo proposto na pesquisa.

BIBLIOGRAFIA BÁSICA:
TARAPANOFF, Kira (organizadora). **Inteligência organizacional e competitiva.** Brasília. Editora Universidade de Brasília. 2001.
STAREC, Cláudio; GOMES, Elisabeth Braz Pereira e CHAVES, Jorge Bezerra Lopes. **Gestão estratégica da informação e inteligência competitiva.** São Paulo, Saraiva, 2005.

FILMES QUE ILUSTRAM A COMPETÊNCIA:
- 12 homens e uma sentença.
- Entrando numa fria.
- Muito além do jardim.
- Seis graus de separação.

Competência – Gestão da Mudança

"O universo é a mudança, a vida é o que o pensamento faz desta mudança"
Marco Aurélio

Mudança é um tema recorrente, sempre a tivemos no decorrer da história. Então por que falamos tanto nela nos dias atuais? A grande questão são as características que as mudanças têm hoje em relação às do passado. Hoje elas são mais freqüentes, mais rápidas e com um nível de ruptura maior.

Considerando este contexto, disposição ou adaptação para a mudança é pouco. O indivíduo que gerencia sua vida e deseja se destacar, precisa acompanhar, e antecipar-se às solicitações do mundo e correlacionar estas com seus objetivos de vida, portanto, mudar não é mais uma opção, é um imperativo para todos. A grande questão é o nível de resistência e o tempo que se leva para mudar.

Encontramos na atualidade um contingente significativo de indivíduos com baixa resiliência, ou seja, capacidade de superar desafios ou "quedas" em sua trajetória. É comum encontrar colegas que "pararam" no tempo e vivem reclamando das coisas, das pessoas e dos acontecimentos. Pessoas que procuram um culpado pelo não sucesso de sua existência. Culpam uma série de **Ps:** pais, professores, patrões, política do governo, país, parentes, pares (colegas de trabalho) etc. Na prática, estas pessoas congelam suas energias na negação da mudança ou na raiva. Estes fatores contribuem para o surgimento de um "grupo" que espera que a empresa ou os outros "os" motivem. Esta postura de "platéia" delega aos outros, ao mundo, a organização, o peso e a responsabilidade da mudança em suas vidas. Vira-se refém ao invés de "ator" de sua existência.

Mudar fica mais fácil quando se estabelece metas, objetivos e visão de futuro. A energia é direcionada para os resultados esperados, e com isto diminuí-se emocionalmente o peso das mudanças.

É comum ter resistência. A grande questão é quanto tempo cada um fica "brigando" consigo, com o mundo, com as empresas e com os outros, antes de aceitar, contribuir e pôr em prática.

Esta competência tem uma relação direta com as competências: tomada de decisão, visão estratégica e visão sistêmica. A ausência destas competências faz emergir outro grande problema: pessoas que implementam as mudanças, sem uma reflexão, análise e compreensão do impacto em sua vida.

A competência "gestão da mudança" nos auxilia a vislumbrar que pontos de ruptura cada um deve gerenciar em sua existência para alcançar os objetivos previstos. Exemplo: se desejar morar sozinho, um ponto de ruptura a gerenciar é "sair da casa dos pais".

Conceito:

Capacidade de perceber, identificar e se predispor às mudanças; desenvolvendo ou identificando estratégias para implementar, pondo em prática as ações em consonância com o plano estratégico.

Conhecimentos que favorecem a expressão da competência:

♦ Administração de conflitos.

♦ Cenários estratégicos.

♦ Cultura organizacional.

♦ Motivação.

♦ Percepção.

♦ Planejamento estratégico.

- Processo, fases e resistência a mudanças.
- Resiliência.
- Tomada de decisão.
- Valores, missão e visão.
- Visão sistêmica.

Habilidades que favorecem a expressão da competência:
- Capacidade de adaptar-se a novas situações.
- Capacidade de implementar as ações idealizadas.
- Capacidade de perceber que ações ou condutas precisam ser alteradas para o alcance dos objetivos.

Atitudes que favorecem a expressão da competência:
- Adaptabilidade, auto-confiança, dinamismo, disponibilidade, entusiasmo, ética, flexibilidade, objetividade, persistência, pró-atividade, resiliência, responsabilidade, segurança, sensibilidade e tolerância.

Comportamentos de entrega:
- Adapta-se às mudanças com entusiasmo e tranqüilidade.
- Escreve um plano de ação para maximizar os pontos favoráveis.
- Escreve um plano de ação para minimizar os pontos desfavoráveis.
- Executa as mudanças previstas ou demandas.
- Faz uma lista das mudanças necessárias para o alcance dos objetivos.
- Identifica que fatores podem dificultar ou favorecer a implementação das mudanças.
- Modifica condutas que dificultam a implementação do plano de ação.
- Monta um plano de ação para implementação das mudanças.
- Participa ativamente na implementação de novos objetivos na organização.

- Participa de cursos, fóruns, seminários, feiras que tragam informações sobre atualidade e tendências da área de atuação e correlata.
- Propõe mudanças que melhoram rotinas e processos.
- Realiza leitura de textos sobre as mudanças que ocorrem no mundo e na empresa.
- Recupera-se em menor tempo possível de situações de fracasso ou inadequadas.
- Vende para os demais os benefícios das mudanças.

BIBLIOGRAFIA BÁSICA:
ELLIS, Albert. **Como conquistar sua própria felicidade.** São Paulo, Ed. Best Seller, 2004
DIAS, Reinaldo. **Cultura Organizacional.** Campinas, SP. Alínea, 2003.
WIND, Yoram; CROOK Colin e GUNTHER, Robert. **A força dos modelos mentais. Transforme o negócio da sua vida e a vida do seu negócio.** Porto Alegre, Bookman, 2005.

FILMES QUE ILUSTRAM A COMPETÊNCIA:
- Do luto à luta.
- Feitiço do tempo.
- Sob o sol da Toscana.

Competência – Liderança

"A lição sabemos de cor, só nos resta aprender"
Beto Guedes e Ronaldo Bastos

A competência "liderança" é um tema presente na vida dos seres humanos. Atuamos como líderes à dimensão pessoal ou profissional na medida que influenciamos os outros a realizarem atividades. O tema liderança carece de foco em seu estudo, pois a cada semana são publicadas dezenas de livros sobre o assunto e alguns trazem conceitos diferentes ou contrários.

No mundo corporativo cresceu o quantitativo de postos de trabalho que exigem a figura do "gestor". Uma liderança muito diferente do passado, mais transformadora que transacional; mais inspiradora que diretiva; mais efetiva e acima de tudo, mais humana e ética.

Como colaboradores, as empresas esperam que seus empregados tenham uma postura "intra empreendedora" e a liderança se faz necessária para sua manifestação.

Na dimensão pessoal, precisamos de parceiros e aliados para o alcance dos nossos objetivos, portanto a liderança também é necessária.

As pessoas, as empresas e os gestores procuram "um caminho" "um segredo" ou mais especificamente uma "fórmula" que os capacite a obter êxito em sues desafios. Em que pese existirem diferentes orientações para o exercício desta liderança, as notícias veiculadas são de um elevado nível de autoritarismo nas relações, o que sinaliza ausência da competência.

A competência liderança como as demais carece da manifestação das outras, entretanto esta necessita de "todas" as competências tratadas neste livro. Portanto, apresentar o comportamento de entrega exige que o indivíduo também tenha desenvolvidas as outras competências. Este é um dos motivos pelos quais as pessoas têm dificuldade em lembrar um gestor que efetivamente tenha sido um "líder", em face do grau de dificuldade exigido.

Uma premissa é que esta competência pode ser desenvolvida, excluindo-se assim um conjunto de autores que afirmam ser esta competência algo inato.

Posner & Kouses reforçam a importância do exemplo e da confiança para a liderança. Os idealizadores do prêmio "melhores empresas para se trabalhar" sinalizam um item como indispensável: a confiança.

Desenvolver esta competência é desenvolver-se como indivíduo. Somente quando você identificar seus valores, o que te inspira e o que te fortalece, será capaz de liderar. É uma longa estrada, que necessita de persistência, resiliência e humildade.

Conceito:

Capacidade de influenciar e inspirar indivíduos ou grupos para realizarem tarefas voluntariamente.

Conhecimentos que favorecem a expressão da competência:

- Administração de conflitos.
- Autodesenvolvimento.
- Comunicação.
- Delegação.
- *Feedback*.
- Liderança.
- Motivação.
- Mudança.
- Percepção.
- Processo de grupo.
- Tomada de decisão.

Habilidades que favorecem a expressão da competência:
- Capacidade de auxiliar no desenvolvimento das pessoas.
- Capacidade de gerenciar conflitos.
- Capacidade de identificar os talentos e potenciais das pessoas.
- Capacidade de inspirar.
- Capacidade de perceber comportamentos e movimentos do grupo.

Atitudes que favorecem a expressão da competência:
- Auto-confiança, disciplina, determinação, entusiasmo, ética, justiça, empatia, flexibilidade, humildade, persistência, pró-atividade, resiliência, responsabilidade, segurança, sensibilidade, tolerância e transparência.

Comportamentos de entrega:
- Acompanha de forma sistemática o desempenho de cada colaborador.
- Acompanha o grupo, identificando suas relações, comunicações e formas de atuar.
- Administra os conflitos existentes no grupo.
- Atua como *coach* no desenvolvimento dos subordinados.
- Defende os valores e princípios definidos pela empresa.
- Define e comunica com clareza a visão, objetivos e metas para todos. Discute cenários.
- Escuta com atenção e empatia as opiniões dos colaboradores.
- Estimula e apóia a cooperação entre os colaboradores.
- Fornece *feedback* com foco no desenvolvimento do outro..
- Orienta e acompanha os empregados que apresentam dificuldade em realizar atividades.
- Promove atividades que potencializem a integração dos colaboradores.
- Reconhece e recompensa o desenvolvimento individual e grupal.
- Socializa as informações com todas as pessoas.

- Solicita, estimula e valoriza os colabores a manifestarem suas opiniões.
- Toma decisões considerando a ética, respeito, justiça e transparência.

BIBLIOGRAFIA BÁSICA:
HERSEY, Paul e BLANCHARD, Kenneth H. **Psicologia para administradores. A teoria e as técnicas da liderança situacional.** São Paulo, EPU, 1986.
KOUSES, James M. e POSNER, Barry Z. **O desafio da Liderança.** 6º Edição. Rio de Janeiro, Elsevier, 2003.

FILMES QUE ILUSTRAM A COMPETÊNCIA:
- Apolo 13.
- Gladiador.
- Maré vermelha.

Competência – Negociação

"Enchendo nossos ouvidos com tudo que aprendemos a dizer, ficamos surdos para o que ainda temos a ouvir."
Wendell Johnson

A competência "negociação" é requerida com freqüência na existência humana, em casa, no trabalho, nas relações afetivas, relações sociais, etc. Ela tem uma relação direta com as competências: comunicação, relacionamento intrapessoal e relacionamento interpessoal.

Quando duas ou mais pessoas têm percepções ou idéias diferentes sobre uma decisão a tomar e optam por decidirem "juntas", certamente é uma oportunidade de negociar. Quando não se negocia é comum surgirem os conflitos, que podem ser explícitos ou velados.

Para negociar são necessárias muitas coisas, dentre elas, exercitar o ato de ouvir, que é muito diferente de escutar. Escutar é um ato puro do sentido da audição, somente os surdos não escutam. Ouvir é um processo ativo, de atenção e empatia, que permite o indivíduo sair do castelo de seus valores, crenças e preconceitos e assumir uma atitude respeitosa de "ouvir" o outro. Olhar para o relógio constantemente, ficar batendo na mesa, balançar com a cabeça o tempo todo, respirar de forma ofegante, desviar o olhar de quem está falando, e pedir que o outro se cale ou que mude de assunto são comportamentos que sinalizam a pouca predisposição para negociar.

Costumo falar que a atitude "flexibilidade" é o tempero de todas as competências e nesta especificamente é indispensável. Tenho afirmado que a pessoa que não apresenta a atitude flexibilidade, deve procurar a ajuda de um profissional especializado, pois certamente esta falta deverá estar influenciando a vida da mesma nas dimensões: pessoal e profissional. Quem apresenta esta atitude fica sempre procurando pontos de "convergências" ao invés de focar nas "divergências".

Outro aspecto da negociação é sua fase de planejamento. Tudo que é feito sem planejamento corre o grande perigo de ser desenvolvido de forma amadora ou inadequada. Negociar, como qualquer competência é desenvolvido na prática, mas é bom lembrar Kurt Lewin que afirma: "nada mais prático que uma boa teoria"

Um fator relevante a observar é a questão cultural, como fator "influenciador" na manifestação desta competência. É muito comum, no Brasil, a necessidade "acentuada" de sermos "queridos e aceitos" e fugir da negociação para não entrar em "conflito" com o outro. Enfrentar e desafiar este contexto são opções dos que desejam crescer como pessoas e profissionais.

Conceito:

Capacidade de fechar acordos mutuamente satisfatórios, através da criação de um clima favorável e do exercício do "ouvir".

Conhecimentos que favorecem a expressão da competência:

- Administração de conflitos.
- Cultura Organizacional.
- Etapas da negociação e tipos de negociadores.
- Motivação.
- Percepção.
- Poder.
- Processo, fases e resistência a mudanças.
- Tomada de decisão.

Habilidades que favorecem a expressão da competência:

♦ Capacidade de adaptar-se a novas situações.

♦ Capacidade de argumentar.

♦ Capacidade de identificar pontos de convergência na negociação.

♦ Capacidade de manter o equilíbrio emocional.

♦ Capacidade de ouvir.

♦ Capacidade de perceber as emoções suas e do outro.

♦ Capacidade de persuasão.

Atitudes que favorecem a expressão da competência:

♦ Agregador, empatia, ética, flexibilidade, humildade, objetividade, persistência, resiliência, segurança, sensibilidade e tolerância.

Comportamentos de entrega:

♦ Aceita a existência de vários caminhos para o atendimento dos interesses.

♦ Ajuda a construir propostas que atendem as partes envolvidas.

♦ Apresenta argumentos objetivos que favorecem o fechamento do acordo.

♦ Concentra a atenção, nos interesses das partes e não nas dimensões pessoais.

♦ Desenvolve alternativa para o alcance do acordo.

♦ Desenvolve um plano de ação antes de negociar.

♦ Estimula a comunicação das pessoas envolvidas.

♦ Fala de forma ponderada, mantendo equilíbrio emocional.

♦ Formula pergunta de modo construtivo e agregador.

♦ Identifica pontos de convergência para o alcance do objetivo.

♦ Observa e identifica as ações que caracterizam o comportamento do outro.

♦ Observa-se identificando que comportamentos favorecem ou dificultam a negociação.

- Ouve o outro com atenção, empatia e respeito, solicitando esclarecimento de aspectos não compreendidos.
- Põe em prática o plano de ação seguindo todas as etapas da negociação.

BIBLIOGRAFIA BÁSICA:
MALHADAS JR, Marcos Julio Olivé. **Psicologia na mediação. Inovando a gestão de conflitos interpessoais e organizacionais.** São Paulo, Ltr, 2004
PATTON, Bruce; URY, William e FISHER, Roger. **Como chegar ao sim. A negociação de acordos sem concessões.** Rio de Janeiro, Imago, 1994.
WANDERLEY, José Augusto. **Negociação Total. Encontrando soluções, vencendo resistências, obtendo resultados.** São Paulo, Gente, 1998.

FILMES QUE ILUSTRAM A COMPETÊNCIA:
- Uma linda mulher.
- Erin Brockovich, uma mulher de talento.
- O advogado do diabo.

Competência – Orientação ao Cliente

"O essencial é invisível para os olhos!"
Antoine de Saint-Exupéry

E sta é uma competência das pessoas presente em todas ou em quase na totalidade das empresas que modelam sua gestão por competências. É comum perceber empresas que vendem produtos ou serviços considerados *commodities*, ou seja, produtos básicos, homogêneos e de amplo consumo e negociados por uma ampla gama de empresas. Para se diferenciar no mercado competitivo alguns têm optado pelo "atendimento". Para atender bem, as empresas precisam de empregados que apresentem esta competência.

Em artigo escrito por mim no livro Top Management 2006 afirmo: "cliente, decifre-o ou ele te ignora", parafraseando o enigma da mitologia grega, "decifra-me ou te devoro".

O nível de concorrência no mercado, o conhecimento e a exigência do cliente, têm feito com que as empresas percebam o quanto é importante terem colaboradores que atendam aos clientes de forma que estes se sintam encantados.

Esta é razão pela qual a "competência orientação ao cliente" está presente na descrição de todos os colaboradores, mesmo que não atendam ao cliente externo, pois estará prestando serviços a quem atende, e sua "entrega" influenciará a prestação de serviços do atendente ou vendedor que interage com o cliente propriamente dito.

As expectativas do cliente por atendimento customizado ou personalizado, ou seja, atendimento que contemple ações feitas sob medida para ele ou se encaixe com a necessidade e desejo dele, sinaliza a importância de bem atender.

Em que pese a existência da compreensão da importância da competência "orientação aos clientes" isto ainda não se traduz de forma generalizada no mundo corporativo. Morgan (1999) afirma que 68% da perda de clientes está relacionada ao tratamento grosseiro ou indiferente por parte do atendente ou vendedor.

Em sala de aula, informalmente faço uma pesquisa sobre quantas empresas no varejo os alunos conhecem as quais atribuem nota 10 no atendimento. Geralmente a resposta não ultrapassa três empresas. Para atender as expectativas dos clientes e reverter às estatísticas acima e outras dos órgãos de defesa do consumidor algumas empresas têm buscado por meio de programas de atendimento nota 10 ou *marketing* de relacionamento, desenvolver e atrair empregados que apresentem esta competência.

Conceito:

Capacidade e desejo genuíno de conhecer o cliente, identificando suas necessidades e desejos, expressos ou não, fornecendo soluções que atendam e superem suas expectativas.

Conhecimentos que favorecem a expressão da competência:

- Características dos produtos e serviços.
- Comportamento do consumidor.
- Comunicação.
- Retenção e fidelização de clientes.
- *Marketing* de Relacionamento.
- Percepção.
- Relacionamento intra e interpessoal.
- Segmentação de clientes – geográfica, demográfica, psicográfica e comportamental.
- Temas da atualidade.

Habilidades que favorecem a expressão da competência:

♦ Capacidade de conviver, respeitar e valorizar a diversidade.

♦ Capacidade de escutar o explícito e o implícito.

♦ Capacidade de perceber as necessidades e desejos dos clientes.

Atitudes que favorecem a expressão da competência:

♦ Cortesia, dinamismo, disponibilidade, empatia, ética, flexibilidade, iniciativa, persistência, pró-atividade, resiliência, respeito, responsabilidade, segurança, sensibilidade e transparência.

Comportamentos de entrega:

♦ Apresenta um comportamento proativo sinalizando para o cliente soluções ainda não demandadas mais que elevem o nível de satisfação.

♦ Busca ou desenvolve soluções para atender as demandas dos clientes, atendendo ou superando suas expectativas.

♦ Contorna situações de conflito com o cliente, auxiliando no resgate da relação com a empresa.

♦ Cria clima favorável para um relacionamento com clientes, pautado na confiança, segurança e credibilidade, potencializando a retenção ou fidelização do cliente.

♦ Escuta e percebe as necessidades e desejos do cliente.

♦ Estabelece relacionamento com o cliente de forma cortês, empática e respeitosa.

♦ Mensura e estuda o nível de satisfação do cliente.

BIBLIOGRAFIA BÁSICA:
KOTLER, Philip e KELLER, Kevin Lane. **Administração de Marketing**. São Paulo, Pearson Prentice Hall, 2006.
LOVELOCK, Christopher e WIRTZ, Jochen. **Marketing de Serviços: pessoas, tecnologias e resultados.** São Paulo, Pearson Prentice Hall, 2006.
SAMARA, Beatriz Santos e MORSCH, Marco Aurélio. **Comportamento do Consumidor. Conceitos e casos.** São Paulo, Prentice Hall, 2005.

FILMES QUE ILUSTRAM A COMPETÊNCIA:
- De porta em porta.
- Patch Adams.
- Um dia de fúria.
- Um Golpe do Destino.

Competência – Orientação ao Resultado

"Objetivos são sonhos com prazo definido"
Antony Robbins

Esta competência como tantas outras, tem uma relação muito direta com outras competências, talvez em maior grau, em face da concretude final de sua mensuração. Resultado. Resultado. Resultado. Este parece ser um conceito muito claro, presente e vivencial no mundo, de forma geral e principalmente nas organizações.

Todos têm ou deveriam ter objetivos e metas.

Entretanto, considerando-se os mais diferentes fatores, esta é uma competência de pessoas que mais carece de orientação.

Quais os motivos?

- Nem sempre estão claros os objetivos que se deseja alcançar.
- Os prazos estabelecidos não são compatíveis com os objetivos.
- O alcance das metas não consegue fechar com o resultado esperado dos objetivos, o que mostra deficiência na montagem das metas e objetivos.

- Ausência de estratégias que favoreçam o alcance dos objetivos e metas, aumentando os esforços, recursos e tempo para sua execução.
- Ausência ou não acompanhamento dos resultados esperados de forma sistemática.
- Falta de persistência e disciplina na realização das ações que favorecem o alcance dos objetivos e metas.

Os objetivos devem ser: específicos, mensuráveis, alcançáveis, relevantes, temporais. E o mais importante, que estejam direta ou indiretamente relacionados com sua missão e visão de futuro de sua vida nos aspectos pessoais e profissionais.

A literatura infantil nos traz uma passagem que ajuda muito nesta competência. Alice no país das maravilhas questiona qual a estrada a seguir, e recebe como resposta a pergunta: para onde desejas ir? Se não sabes qual o seu objetivo, todas as estradas são possíveis alternativas.

Um grave problema que envolve esta competência é a falta de outras competências que dão suporte a esta, dentre elas: visão estratégica, visão sistêmica e gestão da mudança.

Conceito:

Capacidade e disposição para alcançar os resultados desejados, com o menor gasto de tempo e recursos, considerando a ética, valores individuais, missão e visão de cada um, e os fatores externos.

Conhecimentos que favorecem a expressão da competência:
- Administração do tempo.
- Mudanças.
- Planejamento estratégico.
- Temas da atualidade.
- Visão e Missão Pessoal.

Habilidades que favorecem a expressão da competência:

- Capacidade de gerenciar o tempo.
- Capacidade de identificar e rever estratégias para o alcance dos objetivos.
- Capacidade de priorizar e focar energia e recursos nas ações que mais impactam no alcance dos objetivos.

Atitudes que favorecem a expressão da competência:

- Cooperação, cortesia, dinamismo, disponibilidade, disciplina, empatia, ética, flexibilidade, humildade, iniciativa, objetividade, persistência, próatividade, resiliência, respeito, responsabilidade, segurança, sensibilidade e tolerância.

Dica prática:

Identifique fatores externos a você (pessoas ou acontecimentos) que te distanciam dos objetivos traçados, ou seja, que fazem você perder, desanimar ou procrastinar seus objetivos. Fique alerta, pois quando isto acontece, você deixa de ser o gestor de sua existência e entrega ao outro ou a acontecimentos a responsabilidade de sua vida.

Comportamentos de entrega:

- Atua de forma resiliente em situações inesperadas ou inadequadas.
- Capacidade de desenvolver métodos e rever processos e procedimentos que favoreçam o alcance dos objetivos.
- Cumpre as ações planejadas dentro dos prazos, nível de qualidade, considerando as dimensões éticas e utilização de recursos.
- Desenvolve um plano de contingência.
- Efetua controle sistemático dos resultados alcançados e os compara com os previstos.
- Elabora estratégias para o alcance dos objetivos.
- Elabora objetivos, metas, visão e missão pessoal.
- Mantém-se persistente e disciplinado na realização de ações que favoreçam o alcance dos resultados.

- Pauta sua conduta em comportamento ético.
- Planeja as ações, considerando a maximização dos recursos, tempo e da ética.

BIBLIOGRAFIA BÁSICA:
CERTO, Samuel C.; MARCONDES, Reynaldo Cavalheiro e CESAR, Ana Maria Roux. **Administração Estratégica.** São Paulo, Pearson Prentice Hall, 2005.
KRAUSZ, Rosa R. **Administre bem o seu tempo.** São Paulo, Nobel, 1986.
BRABANDERE, Luc de. **O lado oculto das mudanças. A verdadeira inovação requer mudança de percepção.** Rio de Janeiro, Campus, 2006

FILMES QUE ILUSTRAM A COMPETÊNCIA:
- Forest Gump – o contador de histórias.
- Homens de honra.
- Jamaica abaixo de zero.
- Tucker, um homem e seu sonho.
- Um sonho de liberdade.

Competência – Relacionamento Intrapessoal

> *"Conhece a ti mesmo"*
> Sócrates

Relacionamento intrapessoal é a integração do autoconhecimento, autodomínio e automotivação. Este relacionamento somado ao relacionamento interpessoal resulta no conceito de inteligência emocional divulgado pelo trabalho de Daniel Goleman (1995). O relacionamento intrapessoal é a "base" do interpessoal.

Sun Tzu fez a seguinte afirmação há mais de 2000 anos: "Se você conhece o inimigo e conhece a si mesmo, não precisa temer o resultado de cem batalhas. Se você se conhece, mas não conhece o inimigo, para cada vitória ganha sofrerá também uma derrota. Se você não conhece nem o inimigo nem a si mesmo, perderá todas as batalhas". Os japoneses conheciam três poderes: "o poder da espada, o poder da jóia e o poder do espelho". A espada simbolizava o poder das armas. A jóia representava o poder do dinheiro. E espelho significava o poder do autoconhecimento.

O texto acima deixa claro que desde remotas eras, já existia uma sinalização da importância do homem se conhecer. O autoconhecimento favorece o indivíduo a ter consciência de suas emoções, facilitando-lhe o autodomínio, e explicita o sentido de sua vida, o que potencializa a automotivação.

Em que pese todas as questões acima, no ocidente é comum, viver em um redemoinho tão grande, que raramente ou nunca se "pára", para refletir ou pensar sobre si mesmo. Acumulam-se emoções durante anos e "guardam-se" em uma caixinha. A grande questão é perceber que o comportamento é influenciado ou resultante do conteúdo desta caixinha. Ainda nesta perspectiva, a empresa SIAMAR, empresa de vídeo corporativo, tem um filme maravilhoso, chamado "o espelho" na qual um indivíduo olha sua imagem distorcida em espelhos e ri, e quando se depara com o espelho que mostra sua imagem real, ele toma uma atitude muito "estranha". Isto reflete a fuga do encontro consigo mesmo.

O problema é que existe ainda, um preconceito muito grande em relação a procurar a colaboração de especialista (psicólogos ou terapeutas) para "tratar" das questões emocionais, pois se privilegia a dimensão cognitiva.

Um contraponto à questão acima surge quando se percebe em algumas empresas, uma reflexão sobre conceito de "empregado bom". No passado "o bom" era o colaborador obediente e disciplinado. Depois, o empregado que apresentasse resultados, independente dos métodos. Hoje a manifestação das competências "orientação a resultados e ao cliente" não são os "únicos" ítens que caracterizam um bom desempenho, pelo menos para as empresas que já iniciaram o processo acima citado. Desenvolver-se nesta competência favorece o alcance do maior objetivo do ser humano: **SER FELIZ**.

Conceito:

É a capacidade do indivíduo de integrar o autoconhecimento, autodomínio e automotivação.

Conhecimentos que favorecem a expressão da competência:
- Administração de conflitos.
- Crenças e valores.
- *Feedback*.
- Inteligência emocional.
- Inteligências múltiplas.
- Janela de Johari.
- Psicologia positiva.
- Resiliência.

Habilidades que favorecem a expressão da competência:

- Capacidade de lidar com as próprias emoções.
- Capacidade de se perceber, identificando potencialidades e fraquezas.
- Capacidade de se motivar.
- Capacidade de conviver com a diversidade.
- Capacidade de superar adversidades no menor tempo.
- Capacidade de identificar a razão de sua existência, ou seja, sua missão, visão e valores.

Atitudes que favorecem a expressão da competência:

- Auto-confiança, auto-controle, autenticidade, empatia, ética, flexibilidade, humildade, persistência, resiliência, segurança e sensibilidade.

Comportamentos de entrega:

- Adapta-se com facilidade a novas situações.
- Apresenta postura de autoconfiança – certeza do próprio valor e capacidade.
- Comunica com tranqüilidade seus pontos de vista.
- Dirige esforços para realizar atividades com um elevado padrão de excelência.
- Estabelece prioridades em suas ações estratégicas.
- Expressa claramente o que deseja para sua vida.
- Foca suas energias para o alcance dos objetivos propostos por si.
- Mantém-se em estado de equilíbrio e harmonia em situações difíceis.
- Participa de cursos e atividades que favorecem o autoconhecimento.
- Persiste nos objetivos traçados mesmo encontrando dificuldades.
- Pondera com tranqüilidade sobre ações e decisões.
- Revê pontos de vistas.
- Tem o foco no positivo, mesmo em situações adversas.
- Toma decisões com tranqüilidade e equilíbrio.

BIBLIOGRAFIA BÁSICA:
GOLEMAN, Daniel. **Inteligência emocional.** Rio de Janeiro. Objetiva, 1995.

_____. Daniel. **Trabalhando com a inteligência emocional.** Objetiva. Rio de Janeiro, 1999.

FILMES QUE ILUSTRAM A COMPETÊNCIA:
- Desafiando os limites.
- Diários de motocicleta.
- Instinto.
- Iron Will, o grande desafio.
- Menina de ouro.
- Na natureza selvagem.
- O terminal

Competência – Relacionamento Interpessoal

"Cada um sabe a dor e a delícia de ser o que é."
Caetano Veloso

A competência relacionamento interpessoal trata da capacidade do indivíduo de entender e responder adequadamente ao comportamento do outro. Daniel Goleman sinaliza dois ítens que favorecem a expressão desta competência: empatia e capacidade de lidar com relacionamentos. Ela requer muitas atitudes em estado desenvolvido, dentre elas: empatia e sensibilidade.

A competência relacionamento interpessoal como citado no capitulo anterior, tem uma relação direta com a competência relacionamento intrapessoal, haja vista que uma é a "base" da outra. Assim sendo, fica fácil entender porque os cursos que tratam de relacionamento interpessoal "exclusivamente" não dão conta do desafio que esta competência traz.

Revendo o diagnóstico apresentado, pode-se identificar um pequeno quantitativo de pessoas que efetiva e sistematicamente se permitem "trabalhar-se" na competência relacionamento intrapessoal. As conseqüências da ausência desta competência são os problemas que a humanidade se depara todos os dias no ambiente de trabalho: doenças, *stress*, conflitos, distanciamento, desligamento, desmotivação, descontentamento, fofocas, vaidades, etc. Na família e nos relacionamento afetivos ou com amigos a história não é muito diferente.

Este é um diagnóstico que pode ter ou não aderência a você, dependendo das escolhas que optou por fazer na vida. O desenvolvimento desta competência somente é possível com uma decisão "íntima e pessoal".

Este quadro traz a tona um problema: precisamos e gostamos de viver em comunidade, mas não sabemos como fazê-lo.

O mundo organizacional de uma forma não generalizada, também não sabe o que fazer. Ora sinaliza que o recrutamento não deve deixar "entrar" ninguém que tenha problema com a competência relacionamento intrapessoal, prevendo "dificuldade" com a competência relacionamento interpessoal e no outro extremo decide transformar a empresa em um "consultório psicológico". A questão é que qualquer problema com a competência relacionamento intra e interpessoal acaba afetando todas as demais competências e nem sempre as empresas têm tempo ou conhecimento para fazer um diagnóstico sobre os motivos que levam o empregado a não agregar valor para a empresa. O que salta aos olhos é o item "produtividade", entretanto ele é somente a ponto do **iceberg**.

Na medida em que somente sou na presença do outro, relacionar-se bem é fundamental.

Conceito:

É a capacidade do indivíduo de entender e responder adequadamente ao comportamento do outro.

Conhecimentos que favorecem a expressão da competência:
- Comunicação.
- Crenças e Valores.
- *Feedback*.
- Inteligência emocional.
- Inteligências múltiplas.
- Janela de Johari.
- Negociação.
- Psicologia positiva.

- Resiliência.
- Virtudes.

Habilidades que favorecem a expressão da competência:
- Capacidade de lidar com as próprias emoções.
- Capacidade de conviver com a diversidade.
- Capacidade de lidar com pessoas difíceis e situações tensas.
- Capacidade de perceber a sutileza do comportamento humano.

Atitudes que favorecem a expressão da competência:
- Empatia, ética, flexibilidade, humildade, persistência, resiliência, responsabilidade, segurança, sensibilidade, tolerância e transparência.

Comportamentos de entrega:
- Apresenta comportamento congruente: falar, pensar e agir.
- Apresenta comportamento pautado na ética.
- Comunica-se com assertividade, clareza, transparência e tranqüilidade.
- Contesta os preconceitos e a intolerância.
- Cumpri os compromissos e promessas assumidos.
- Elogia e reconhece as ações dos demais.
- Identifica conflitos em potencial e busca uma solução para este.
- Identifica sentimentos e perspectivas dos outros.
- Mantém equilíbrio emocional em todas as situações.
- Ouvi com atenção e respeito.
- Pondera sobre ações e decisões.
- Respeita e valoriza idéias e comportamento diferentes dos seus.
- Revê pontos de vistas.
- Tem o foco no positivo, mesmo em situações adversas.
- Toma decisões com tranqüilidade e equilíbrio.

BIBLIOGRAFIA BÁSICA:
GOLEMAN, Daniel. **Inteligência emocional.** Rio de Janeiro. Objetiva, 1995.
_____, Daniel. **Trabalhando com a inteligência emocional.** Rio de Janeiro, Objetiva.1999.

FILMES QUE ILUSTRAM A COMPETÊNCIA:
- Rain man.
- Um novo homem.
- Fale com ela.
- Meu nome é radio.

Competência – Tomada de decisão

"O maior pesadelo é perder a capacidade de sonhar, é não ter mais sonhos"

A competência tomada de decisão está presente em todos os dias da existência humana. Todos os indivíduos tomam decisões na esfera pessoal ou profissional a todo momento. O que muda com freqüência é a complexidade e a repercussão destas decisões.

A despeito da importância da competência tomada de decisão, a maioria das decisões é tomada sem uma formação adequada e sem um método, portanto de forma empírica.

Comentei em outro trecho que é comum gastar mais tempo planejando as férias que pensando sobre as grandes decisões da vida.

As etapas do processo de tomada de decisão são: EDATIA

- Estudo do problema.
- Definição das alternativas.
- Avaliação das alternativas.
- Tomada de decisão.
- Implementação.
- Agir corretivamente.

E toda decisão envolve: tomador de decisão, objetivos a alcançar, critérios de decisão, estratégia escolhida, aspectos do ambiente e resultado.

As decisões se dividem em programadas e não programadas.

O que temos de "novo", nesta competência é a dimensão participativa de sua decisão. No passado não muito remoto, cabia ao gestor decidir sozinho sobre tudo. O século XXI traz mais um desafio, envolver e mobilizar pessoas para a tomada de decisão em grupo.

Vale ressaltar que a forma como as pessoas tomam decisões e a qualidade de suas escolhas é influenciada pelas suas percepções.

É prudente deixar registrado que é muito importante parar e estudar com afinco as alternativas que podem ser implementadas, pois a importância de uma tomada de decisão não está no ato em si, mas nas repercussões desta em nossa existência.

Conceito:

É a capacidade de identificar e escolher entre as diferentes alternativas, qual a melhor opção para implementar uma ação ou resolver uma situação.

Conhecimentos que favorecem a expressão da competência:

- Comunicação.
- Crenças e Valores.
- Estilos de tomada de decisão.
- Etapas da tomada de decisão.
- Ferramenta SWOT – forças, fraquezas, ameaças e oportunidades.
- Heurística.
- Intuição.
- Masp – Método de análise e solução de problemas.
- Negociação.
- Resiliência.

Habilidades que favorecem a expressão da competência:

- Capacidade de analisar ameaças e oportunidades na escolha de cada alternativa.
- Capacidade de conviver com incertezas.
- Capacidade de correr riscos.
- Capacidade de decidir por uma das diversas variáveis.
- Capacidade de decidir sem possuir todas as informações necessárias.
- Capacidade de perceber a sutileza do comportamento humano.

Atitudes que favorecem a expressão da competência:

- Empatia, ética, flexibilidade, humildade, persistência, resiliência, responsabilidade, segurança, sensibilidade e tempestividade.

Comportamentos de entrega:

- Atua de forma resiliente em situações inesperadas ou inadequadas.
- Busca informações que o auxiliam na tomada de decisão
- Desenvolve um plano de contingência
- Efetua controle sistemático dos resultados alcançados e os compara com os previstos
- Elabora estratégias para o alcance dos objetivos.
- Evita problemas futuros, trabalhando sobre as causas e não conseqüências.
- Faz uma análise sistemática e criteriosa sobre o impacto da decisão tomada.
- Identifica o tempo adequado para tomada de decisão, não se precipitando ou procrastinando.
- Pauta sua conduta em comportamento ético.
- Planeja as ações, considerando a maximização dos recursos, tempo e da ética.
- Traz para si a tomada de decisão dos problemas que surgem.

BIBLIOGRAFIA BÁSICA:
HOFFHERR, Glend D. **Tomada de decisão e planejamento.** Rio de Janeiro. Qualitymark, 1996.
ALVES, Neves Aparecido. **Guia de soluções de problemas.** Rio de janeiro, Qualitymark, 1996.

FILMES QUE ILUSTRAM A COMPETÊNCIA:
- A escolha de Sofia.
- As pontes de Medison.
- Diário de uma paixão.

Competência –
Trabalho em Equipe

"Diferente de nós, não quer dizer errado. Só quer dizer que é diferente. Só isso".
Peter Harazin

Em que pese vivermos em uma sociedade que enaltece a figura do guerreiro, da competição, e da conquista individual, a magnitude dos desafios estabelecidos para as empresas e para as pessoas carecem da competência "trabalho em equipe".

Trabalho em equipe pressupõe a existência de: objetivos comuns, respeito às diferenças e cooperação. A integração dos três fatores favorece que cada um possa se sentir responsável em trazer o "seu melhor" de forma harmônica e complementar.

Esta competência sofre influência principalmente da: orientação ao resultado, visão sistêmica, relacionamento interpessoal, relacionamento intrapessoal e comunicação (falada e escrita).

A própria história do desenvolvimento de novos produtos é um bom exemplo. Hoje é desenvolvido com centenas de pessoas e não somente por um indivíduo. As empresas de vanguarda constroem estratégias integrando todos os colaboradores. O nível de autonomia exige que se estabeleça maior liberdade de atuação e menor nível de controle, o que pressupõe a existência de um nível de maturidade para trabalho em equipe.

As empresas hoje procuram pessoas que, embora diferentes, consigam conviver com a diversidade e possam assim potencializar os resultados, à medida que cada um traz as suas competências para compor o todo.

Em menor ou maior escala todos trabalham em equipe. Existia no passado uma falsa crença de que profissionais liberais não precisavam se preocupar com esta competência. Imagine um médico que não tem na sua atendente uma parceira para o alcance dos resultados.

A ausência do trabalho em equipe potencializa um dos maiores problemas do mundo moderno: o mundo das "caixinhas", onde cada um, luta pelo "seu".

Vale ressaltar que a confiança é o ingrediente fundamental na receita para o desempenho desta competência, e que grandes jogadores de futebol juntos, não necessariamente trabalham em equipe. A ausência do trabalho em equipe pode contribuir para que surjam grupos com característica de "bando" ou "grupo corporativo".

Os paradoxos do mundo organizacional, a pouca expressão da atitude resiliência, a falta de senso de coletividade tem dificultado a expressão desta competência nos dias atuais. As empresas que buscam ser melhores organizações para se trabalhar fomentam por intermédio do recrutamento e desenvolvimento de equipes a manifestação desta competência.

Conceito:

Capacidade e disposição genuína para atuar em grupo, de forma ética, colaborativa, respeitando as diferenças individuais, compartilhando seu conhecimento tácito e explícito e contribuindo com o seu melhor, para o alcance dos objetivos comuns.

Conhecimentos que favorecem a expressão da competência:
- Administração de conflitos.
- Comunicação.
- Confiança.
- Cultura organizacional..
- *Feedback.*
- Gestão do conhecimento.
- Personalidade, tipos psicológicos, comportamento humano.

- Poder.
- Trabalho em equipe.

Habilidades que favorecem a expressão da competência:
- Capacidade de conviver com as diferenças.
- Capacidade de identificar os comportamentos do grupo.
- Escutar e perceber o implícito.

Atitudes que favorecem a expressão da competência:
- Auto-confiança, cooperação, conciliação, cortesia, dinamismo, disponibilidade, disciplina, empatia, entusiasmo, ética, flexibilidade, humildade, iniciativa, justiça, objetividade, persistência, pró-atividade, resiliência, respeito, responsabilidade, segurança, sensibilidade, transparência e tolerância.

Comportamentos de entrega:
- Colabora no estabelecimento de um clima agradável de relacionamento entre colegas e chefia.
- Compartilha seu conhecimento explícito e tácito, contribuindo de forma efetiva para o incremento do capital intelectual das pessoas.
- Concilia interesses entre pessoas e unidades de uma empresa, para o alcance dos resultados.
- Dá e recebe *feedback* de forma adequada, considerando este como um instrumento para o desenvolvimento humano.
- Desempenha suas atividades com responsabilidade, contribuindo para o alcance dos resultados coletivos.
- Disponibiliza opiniões de melhoria que favoreçam o alcance dos resultados.
- Emite suas opiniões de forma respeitosa e clara.
- Escuta as opiniões dos colegas, mesmo contrárias às suas, buscando identificar pontos de convergência.

- Estuda o comportamento das pessoas, buscando estabelecer melhor relacionamento.
- Faz uma auto-análise identificando características pessoais.
- Predispõe-se a colaborar de forma espontânea.
- Valoriza a contribuição dos colegas para o alcance dos objetivos.

BIBLIOGRAFIA BÁSICA:
MOSCOVICI, Fela. **Desenvolvimento Interpessoal: treinamentos em grupo.** 15º Edição. Rio de Janeiro, José Olympio, 2005.
COVEY, Stephen M. R. **O poder da confiança: o elemento que faz toda a diferença.** Rio de Janeiro, Elsevier, São Paulo, FranklinCovey, 2008.

FILMES QUE ILUSTRAM A COMPETÊNCIA:
- Mudança de hábito.
- O resgate do soldado Ryan.
- Poder além da vida.

Competência – Visão Estratégica

"A verdadeira viagem da descoberta não consiste em procurar novas paisagens, mas em ter novos olhos" – Marcel Proust

A competência "visão estratégica" é a arte de trazer o futuro para o hoje. É o farol que ilumina os caminhos. Ela é extremamente útil ao desenvolvimento da competência "orientação ao resultado" e indispensável na montagem dos planos da existência humana e do contexto organizacional. Tem uma relação direta com as competências "gestão da mudança" e "relacionamento intrapessoal".

Como em outras competências é comum ver indivíduos que não buscam desenvolvê-la e quem não o faz, provavelmente não está direcionando energia, velocidade e foco em ações que auxiliem a construção de uma vida plena e feliz.

A visão estratégica é potencializada na medida em que se colocam em prática os planos de ação, ou seja, é a entrega da competência "orientação ao resultado". As etapas do plano estratégico foram apresentadas no capítulo *A gestão da própria vida*.

É relevante afirmar que "o pensar estrategicamente" antecede a montagem dos planos estratégicos, e muitas vezes pela urgência ou ausência de conhecimento, foca-se no desenvolvimento de planos sem se permitir "o tempo" necessário para "o pensar estratégico".

O pensar estratégico colabora inclusive com o desenvolvimento de idéias "novas e criativas", e o mundo exige cada vez mais ações diferenciadas.

Existem alguns exercícios fundamentais ao desenvolvimento da visão sistêmica que também auxiliam no desenvolvimento desta competência: converse com pessoas com idéias completamente diferentes, visite uma banca de revista ou *sites* na internet e leia sobre assuntos que fogem sua área de atuação, escolha lugares diferentes para ir a cada viagem de férias, visite feiras de negócios de áreas diferentes da que trabalha, utilize a ferramenta mapa mental nas reuniões que conduz ou participa, leia bibliografias de empresários, aprenda o tocar um instrumento musical, no caminho para o trabalho pense na relação de coisas que aparentemente não tem nenhuma vinculação, exemplo (qual a relação entre um prego e um lápis), visite museus, assista apresentações musicais e de dança, enfim participe de atividades que permitam você "sair do quadrado".

Existe uma máxima que afirma: ou você cria seu próprio futuro, ou fará parte de um futuro desenhado por outro, e isto pode não ser o melhor para sua existência.

Conceito:

É a capacidade de perceber e compreender as mudanças ao seu redor, pensar estrategicamente, visualizar o futuro e desenvolver meios para o seu alcance.

Conhecimentos que favorecem a expressão da competência:

- ◆ Cenários e tendências.
- ◆ Cinco forças competitivas de Michael Porter e *Balanced Scorecard*.
- ◆ Ferramenta *Swot* – Forças, fraquezas, ameaças e oportunidades.
- ◆ Intuição.
- ◆ Percepção.
- ◆ Estratégia e Plano estratégico.
- ◆ Visão, missão e valores.
- ◆ Xadrez.

Habilidades que favorecem a expressão da competência:

- ◆ Observar e perceber o explícito e o implícito.
- ◆ Estabelecer prioridades.

- Visualizar o futuro.
- Envolver pessoas na visão de futuro.
- Selecionar a informação relevante.
- Analisar e deduzir.
- Identificar oportunidades na dimensão pessoal e profissional.
- Influenciar pessoas.

Atitudes que favorecem a expressão da competência:
- Adaptabilidade, curiosidade, dinamismo, disponibilidade, disciplina, entusiasmo, ética, flexibilidade, iniciativa, persistência, pró-atividade, resiliência e sensibilidade.

Comportamentos de entrega:
- Acompanha os acontecimentos que ocorrem no mundo.
- Antecipa-se em relação aos competidores no lançamento de idéias ou na implementação de mudanças.
- Constrói o plano estratégico.
- Identifica as ameaças e oportunidades para o alcance dos objetivos.
- Identifica caminhos que favorecem o alcance dos objetivos.
- Identifica o impacto das forças e fraquezas para o alcance dos objetivos.
- Identifica oportunidades de ação ou negócio.
- Identifica os possíveis cenários.
- Identifica rapidamente as mudanças que ocorrem ao seu redor e no mundo.
- Mobiliza outras pessoas com seus sonhos e visões.
- Organiza informações que favoreçam a decisão estratégica.
- Realiza alianças para o alcance dos objetivos.

BIBLIOGRAFIA BÁSICA:
MAQUIAVEL, Nicolau. **O príncipe.** Porto Alegre, L&PM, 2001.
JÚLIO, Carlos Alberto. **A arte da Estratégia.** Rio de janeiro, Elsevier, 2005.
MACIEL, Elaine Coutinho e GRUBACH, Raul Jose dos Santos. **Cenários Prospectivos.** Rio de Janeiro, Editora FGV. 2002.

FILMES QUE ILUSTRAM A COMPETÊNCIA:
- 1492 – A conquista do paraíso.
- A fuga das galinhas.
- Fernão Capelo Gaivota.
- Indiana Jones e os caçadores da arca perdida.
- Kinky Boots.
- O jogo de Geri (curta metragem).

Competência – Visão Sistêmica

"Um ponto-de-vista é só um ponto"
Autor anônimo.

A competência "visão sistêmica" é a capacidade de compreender o todo, a partir da identificação das partes de uma situação ou contexto e perceber a interação e a interferência de uma parte sobre as demais. Esta é uma competência que apresenta muitas oportunidades de melhoria na maioria das pessoas. Sua ausência faz com que o humano se feche em seu mundo, ou seja, na sua "caixinha": realidade pessoal, área, departamento, unidade estratégica, etc.

De início a primeira pergunta que se faz é: o que é totalidade das partes? É o todo.

No mundo organizacional, uma pessoa que apresenta esta competência consegue identificar o papel e importância de todas as áreas, ações e atividades da empresa e sua relação com os fatos e acontecimentos que ocorrem fora dos "muros" da instituição, ou seja, tudo que acontece na economia, legislação, concorrência, política, comportamento social, comportamento dos clientes, etc. Este indivíduo identifica ainda o impacto de uma ação em qualquer das partes nas demais. Por exemplo: se eu não destinar hora extra no planejamento do exercício de uma empresa, esta ação vai impactar em que áreas? Qual o reflexo desta decisão para os clientes? Para os gestores? Etc.

O que se pode observar de uma forma não generalizada, mas muito presente, é uma briga pelo "meu". Meu departamento, minhas metas, minha empresa, minha "atividade", enfim, minha "mesa de trabalho". Alguns humanos concentram sua visão sistêmica, somente nas "atividades" que executam.

Na dimensão social e afetiva o quadro se repete. Não existe uma preocupação generalizada com o todo, e sim com a minha parte, a minha dor e aflição. Alguns "indivíduos" chegam a destruir o patrimônio público e afirmam: não é meu!

O comportamento supracitado é um dos responsáveis pelo graves problemas sociais que temos no Brasil e no mundo.

A questão é que não "percebemos" que se "a maioria" se comporta assim, nenhuma instituição organizacional ou nação conseguirá sobreviver. Esta é a luta de todas as ONGS que batalham por objetivos coletivos.

Conceito:

É a capacidade de compreender o todo, a partir da identificação das partes de uma situação ou contexto e perceber a interação e a interferência de uma parte sobre as demais.

Conhecimentos que favorecem a expressão da competência:

- Estratégia.
- Mapa mental.
- Mapas conceituais.
- Percepção.
- Plano estratégico.
- Teoria geral dos sistemas.
- Visão sistêmica.
- Visão, missão e valores.

Habilidades que favorecem a expressão da competência:

- Capacidade de observação.
- Capacidade de perceber o explícito e o implícito.

- Capacidade de fazer conexões.
- Capacidade de selecionar a informação relevante.
- Capacidade de análise e dedução.

Atitudes que favorecem a expressão da competência:

- Curiosidade, empatia, ética, flexibilidade, iniciativa, persistência, próatividade, resiliência e sensibilidade.

Comportamentos de entrega:

- Acompanha os acontecimentos que ocorrem no mundo.
- Acompanha os resultados e ações desenvolvidas pelas diversas unidades da organização.
- Analisa todas as conseqüências de uma decisão em relação as demais áreas ou subsistemas.
- Desenvolve plano de ação para identificar acontecimentos dos subsistemas (economia, política, legislação, tecnologia, clientes, concorrentes, etc.) que devem ser monitorados.
- Estuda o papel e as atividades de todas as áreas da empresa.
- Identifica a relação de suas ações e atividades com os objetivos estratégicos da organização.
- Monitora de forma sistemática os fatos e acontecimentos priorizados no planejamento de acompanhamento.
- Organiza base de dados que favoreçam a tomada de decisão.

BIBLIOGRAFIA BÁSICA:
SENGE, Peter. **A quinta disciplina. Caderno de campo.** Rio de Janeiro, Qualitymark, 1997.
_____, Peter. A QUINTA DISCIPLINA. Rio de Janeiro, Best Seller, 21º Edição. 2006.
BONDER, Nilton. **O segredo judaico de resolução de problemas.** 10º edição. Imago, 2005

FILMES QUE ILUSTRAM A COMPETÊNCIA:
- Efeito borboleta.
- Ponto de mutação.
- A corporação.
- A profecia celestina.
- Obrigado por fumar.

A arte inspira-nos a desenvolver
as atitudes e conseqüentemente as
competências. Neste intuito listei algumas
obras do cinema, música, poesia, pintura
que podem auxiliar neste encontro.

FILMES INSPIRADORES

COMPETÊNCIAS	FILMES SUGERIDOS
Comunicação (escrita)	• Encontrando Forrester • Escritores da liberdade
Comunicação (falada)	• Mr. Holland, adorável professor • O espelho tem duas faces • O oitavo dia
Criatividade/Inovação	• Dança, paixão e fama • De encontro com o amor • Doutores da alegria
Empreendedorismo	• 2 filhos de Francisco • Mensagem para você • O Aviador
Gestão da Informação	• 12 homens e uma sentença • Entrando numa fria • Muito além do jardim • Seis graus de separação
Gestão da Mudança	• Do luto à luta • Feitiço do tempo • Sob o sol da Toscana
Liderança	• Apolo 13 • Gladiador • Maré vermelha
Negociação	• Erin Brockovich, uma mulher de talento • O advogado do diabo • Uma linda mulher
Orientação ao Cliente	• De porta em porta • Patch Adams • Um dia de fúria • Um Golpe do Destino

Orientação a Resultados	- Forest Gump – o contador de histórias - Homens de honra. - Jamaica abaixo de zero. - Tucker, um homem e seu sonho. - Um sonho de liberdade.
Relacionamento Intrapessoal	- Desafiando os limites - Diários de motocicleta - Instinto - Iron Will, o grande desafio - Menina de ouro - Na natureza selvagem - O Terminal
Relacionamento Interpessoal	- Fale com ela - Meu nome é radio - Rain man - Um novo homem
Tomada de Decisão	- A escolha de Sofia - As pontes de Medison - Diário de uma paixão
Trabalho em Equipe	- Mudança de hábito - O resgate do soldado Ryan. - Poder além da vida.
Visão Estratégica	- 1492 – A conquista do paraíso - A fuga das galinhas - Fernão Capelo Gaivota - Indiana Jones e os caçadores da arca perdida - Kinky Boots - O jogo de Geri (curta metragem)
Visão Sistêmica	- A corporação - A profecia celestina - Efeito borboleta - Obrigado por fumar - Ponto de mutação

MÚSICAS INSPIRADORAS

MÚSICA	COMPOSITOR
25 anos	Fabio Junior
Alegria, Alegria	Caetano Veloso
Amanhã	Guilherme Arantes
Amor de Índio	Milton Nascimento
Ando devagar	Almir Sater
Balada do Louco	Ney Mato Grosso
Caçador de mim	Milton Nascimento
Cio da terra	Milton Nascimento
Clube da esquina n.2	Lô Borges
Começar de novo	Ivan Lins
Como nossos pais	Elis Regina
Como uma onda	Lulu Santos
Cotidiano	Chico Buarque
Dancing Days	As Frenéticas
Dias Melhores	Jota Quest
E preciso saber viver	Titãs
É	Gonzaguinha
Epitáfio	Titãs
Eu quero sempre mais	Ira
Metamorfose ambulante	Raul Seixas
O que é o que é	Gonzaguinha
O que será que será	Chico Buarque
O Tempo não pára	Cazuza
Pensamentos	Cidade Negra
Pra não dizer que eu não falei das flores	Geraldo Vandré
Redescobrir	Elis Regina
Tempos Modernos	Lulu Santos
Um homem também chora	Gonzaguinha
Viver	Gonzaguinha
Voarás	Paulinho Pedra Azul

POESIAS INSPIRADORAS

THE ROAD NOT TAKEN
Robert Frost
(tradução de José Alberto Oliveira)

Duas estradas separavam-se num bosque amarelo,
Que pena não poder seguir por ambas
Numa só viagem: muito tempo fiquei
Mirando uma até onde enxergava
Quando se perdia entre os arbustos;

Depois tomei a outra, igualmente bela,
E que teria talvez maior apelo,
Pois era relvada e fora de uso;
Embora, na verdade, o trânsito
As tivesse gasto quase o mesmo,

E nessa manhã nas duas houvesse
Folhas que os passos não enegreceram.
Oh, reservei a primeira para outro dia!
Mas sabendo como caminhos sucedem a caminhos,
E duvidava se alguma vez lá voltaria.

É com um suspiro que conto isto,
Tanto, tanto tempo já passado:
Duas estradas separavam-se num bosque e eu —
Eu segui pela menos viajada,
E isso fez a diferença toda.

FERNANDO PESSOA
(Ricardo Reis)

Para ser grande, sê inteiro: nada
Teu exagera ou exclui.
Sê todo em cada coisa. Põe quanto és
No mínimo que fazes.
Assim em cada lago a lua toda
Brilha, porque alta vive.

FERNANDO PESSOA
(Alberto Caeiro)

II - O Meu Olhar

O meu olhar é nítido como um girassol.
Tenho o costume de andar pelas estradas
Olhando para a direita e para a esquerda,
E de, vez em quando olhando para trás...
E o que vejo a cada momento
É aquilo que nunca antes eu tinha visto,
E eu sei dar por isso muito bem...
Sei ter o pasmo essencial
Que tem uma criança se, ao nascer,
Reparasse que nascera deveras...
Sinto-me nascido a cada momento
Para a eterna novidade do Mundo...

Creio no mundo como num malmequer,
Porque o vejo. Mas não penso nele
Porque pensar é não compreender ...

O Mundo não se fez para pensarmos nele
(Pensar é estar doente dos olhos)
Mas para olharmos para ele e estarmos de acordo...

Eu não tenho filosofia: tenho sentidos...
Se falo na Natureza não é porque saiba o que ela é,
Mas porque a amo, e amo-a por isso,
Porque quem ama nunca sabe o que ama
Nem sabe por que ama, nem o que é amar ...
Amar é a eterna inocência,
E a única inocência não pensar...

Mario Quintana

Sentir primeiro, pensar depois
Perdoar primeiro, julgar depois
Amar primeiro, educar depois
Esquecer primeiro, aprender depois
Libertar primeiro, ensinar depois
Alimentar primeiro, cantar depois
Possuir primeiro, contemplar depois
Agir primeiro, julgar depois
Navegar primeiro, aportar depois
Viver primeiro, morrer depois

LEMBRETE
Carlos Drummond de Andrade

Se procurar bem, você acaba encontrando
não a explicação (duvidosa) da vida,
mas a poesia (inexplicável) da vida.

PINTURAS INSPIRADORAS

PINTOR	OBRA
Matisse, Henri	Dance.
Dali, Salvador	A Persistência da hora.
Delaccroix	A Paz descendo sobre a terra.
Picasso, Pablo	Guernica.
David, Louis	Les Sabines.
Walgh, Martin	Arte curiosa.
Silva, Diego Velázques de	Las meninas o La família de Felipe IV.
Walker, M.L.	Amaze.
Flandrin, Jean Hippolyte	Tímido.
Munch, Edvard	O Grito.
Michellangelo	A criação de Adão.
Rosseau,	A estação aduaneira

Conclusão e considerações

Ser feliz é a ordem do dia. Hoje as pessoas estão começando a considerar a vida o seu maior legado. Vive-se em uma sociedade consumista e imediatista. As evidências que este modelo está se esgotando começam a apresentar seus primeiros sinais: pessoas que renunciam a postos de trabalho e polpudos salários, por uma posição em que tenham mais tempo para si e sua família; jovens que consideram o lazer um elemento decisivo na sua existência, entre outros.

A **reflexão** se dá através das perguntas:

- É possível traçar uma linha divisória entre a vida profissional e a vida pessoal?
- De que adianta ter fortuna acumulada, se na estrada da conquista se perdeu a saúde?
- De que adianta ter bens em demasia, se nessa busca se perderam os filhos e os relacionamentos afetivos?
- De que adianta ter sucesso na dimensão profissional e ser infeliz na dimensão pessoal?
- De que adianta acumular bens fazendo o que não gosta durante uma vida inteira?
- De que adianta ter e não ser?

Considerações:

- Trabalhar com prazer potencializa o sucesso.
- A vida é curta demais para não optarmos pela felicidade.
- O planejamento é condição básica para o alcance de qualquer objetivo.
- O autodesenvolvimento é permanente.
- Muitas pessoas estão infelizes por não trabalharem no que gostam.
- Cada um é senhor de seu destino.
- Quem não decide o que quer na vida, vive a vida que os outros definiram.
- Nenhum bem material é capaz de suprir a carência de amigos e familiares.
- Quem quer um lugar ao sol, tem de suportar algumas queimaduras.
- Sucesso não é onde você está, é a diferença de onde você saiu e onde está.
- Nunca é tarde para optar pela FELICIDADE.

BIBLIOGRAFIA

ALMEIDA, Walnice. **Captação e Seleção de Talentos: Repensando a Teoria e a Prática.** – São Paulo: Atlas, 2004.

BARBOSA, Allan Claudius Queiroz. **A Maturidade da Gestão de Competências.** Local: RAE – Revista de Administração de Empresas, v. 47, n 1, jan. mar. 2007.
_____, Allan Claudius Queiroz. **Competências nas Organizações.** Local: RAE – Revista de Administração de Empresas, v. 43, n 1, jan. fev. mar. 2003.

BITENCOURT, Claudia Cristina. **A Gestão de Competências Gerenciais e a Contribuição da Aprendizagem Organizacional.** Local: RAE – Revista de Administração de Empresas, v. 44, n 1, jan. mar. 2004.

BRANDÃO, Myrna Silveira. **Leve seu Gerente ao Cinema: Filmes que Ensinam.** – Rio de Janeiro: Qualitymark, 2004.
_____, Myrna Silveira. **Luz, Câmera, Gestão: A Arte do Cinema na Arte de Gerir Pessoas.** – Rio de Janeiro: Qualitymark, 2006.

CASTILHO, Áurea. **Filmes para Ver e Aprender.** – Rio de Janeiro: Qualitymark, 2003.

CHOWDHURY, Subir. **A Era do Talento: Obtendo Alto Retorno Sobre o Talento.** - São Paulo: Pearson Prentice Hall, 2003.

DAL-SOTO, Fábio; PAIVA, Ely Laureano; SOUZA, Yeda Swirski de. **Análise de Competências Organizacionais na Internacionalização de Empresas da Cadeia Coureiro-Calçadista.** Local: RAE – Revista de Administração de Empresas, v. 47, n 3, jul. set. 2007.

DAÓLIO, Luiz Carlos. **Perfis & Competências: Retrato dos Executivos, Gerentes e Técnicos.** – São Paulo: Érica, 2004.

DUTRA, Joel Souza. **Competências:Conceitos e Instrumentos para a Gestão de Pessoas na Empresa Moderna.** – São Paulo: Atlas, 2004.

FISCHER, André Luiz. **Mapeando o Terreno da Aprendizagem Organizacional e das Competências.** RAE – Revista de Administração de Empresas, v. 45, n 1, jan. mar. 2005.

FRIEDMAN, Brian; HATCH, James; WALKER, David M. **Como Atrair, Gerenciar e Reter Capital Humano: da promessa à realidade** - São Paulo: Futura, 2000.

GRAMIGNA, Maria Rita. **Modelo de Competências e Gestão dos Talentos.** - São Paulo: Pearson Prentice Hall, 2007.

KANITZ. **Como escrever um bom artigo.** Disponível em: <http://www.kanitz.com.br/impublicaveis/como_escrever_um_artigo.asp>.

KING, Adelaide Wilcox; FOWLER, Sally W. e ZEITHAML, Carl P. **Competências Organizacionais e Vantagem Competitiva.** Local: RAE – Revista de Administração de Empresas, v. 42, n 1, jan. mar. 2002.

LUZ, Márcia e PETERNELA, Douglas. **Lições que a Vida Ensina e a Arte Encena.** – São Paulo: Átomo, 2005.
_____, Márcia e PETERNELA, Douglas. **Outras Lições que a Vida Ensina e a Arte Encena: 106 Filmes para Treinamento & Desenvolvimento.** – Rio de Janeiro: Qualitymark, 2007

MICHAELS, Ed; HANDFIEL-Jones, Helen e AXELROD, Beth. **A Guerra Pelo Talento: O Talento como diferencial estratégico entre as empresas.** – Rio de Janeiro: Campus, 2002.

RABAGLIO, Maria Odete. **Ferramentas de Avaliação de Performance com Foco em Competências.** – Rio de Janeiro: Qualitymark, 2006.
_____, Maria Odete. **Seleção por Competências.** – São Paulo: Educator, 2001.

SPITZER, Quin; EVANS, Ron. **Conquistando Cabeças** – Rio de Janeiro: Campus, 2000.

XAVIER, Ricardo. **Tudo que Aprendi com o Cinema: 27 lições tiradas de filmes para aumentar o desempenho da sua equipe.** – São Paulo: Gente, 2007.

Visite nosso site:
www.dvseditora.com.br